Manfried Fischer

Achtung: Baustelle!
Vom Wandel meines Gottesbildes

Manfried Fischer

Achtung: Baustelle!

Vom Wandel meines Gottesbildes

Rediroma-Verlag

Bibliografische Information der Deutschen Nationalbibliothek:
Die Deutsche Nationalbibliothek verzeichnet diese Publikation in der Deutschen Nationalbibliografie; detaillierte bibliografische Daten sind im Internet über http://dnb.ddb.de abrufbar.

ISBN 978-3-86870-941-4

Umschlagillustration: pixabay.com, gemeinfrei

www.rediroma-verlag.de
7,95 Euro (D)

Gewidmet meiner Frau Marianne

in tiefer Dankbarkeit für

ihre wunderbare Liebe.

Inhalt

Einladung

Zu allererst ein herzliches Grüß Gott, liebe Gefährtin, lieber Gefährte! Gefährten auf der gemeinsamen Reise auf diesem Planeten!

Ob ich Dich als Leserin bzw. Leser gewinnen kann, hängt vermutlich von diesen Zeilen ab, die Dir einen kleinen Überblick geben sollen, was Dich in diesem Buch erwartet. Gleichzeitig möchte ich aber schon einmal eine Warnung aussprechen, daß es sich beim Betreten meiner Baustelle um eine gefährliche Unternehmung handelt, die unter Umständen unübersehbare Folgen für Dein Gottesbild nach sich ziehen kann und auf alle Fälle auf eigene Gefahr unternommen werden sollte!

Mein bayerisches „Grüß Gott“ soll Dir gleichzeitig signalisieren, daß hier nicht jemand die Existenz Gottes in Zweifel zieht, sondern daß es ausschließlich um das Bild geht, das wir uns von Gott machen, das in allen Religionen zu allen Zeiten der Gefahr unterliegt, in ein Götzenbild umgewandelt zu werden.

Und es geht um eine Baustelle. Baustellen sind üblicherweise mit dem Hinweis versehen: *Unberechtigten ist der Zutritt verboten.* An eine Baustelle, auf der es um das Thema Gottesbeziehung geht, ist zudem die Frage zu stellen, was von dem im Grunde unbedarften Bauherrn, der selbst kein Fachmann ist, eventuell auch an Schaden angerichtet werden kann mit dem, was er da an Vorschlägen unterbreitet, selbst wenn diese nur in Gestalt von selbst erlebten Beispielen in Erscheinung treten. Nicht umsonst hat die katholische Kirche, die meine geistige Heimat ist, Jahrhunderte lang dafür gesorgt, daß von der von ihr verkündeten Lehrmeinung Abweichendes indiziert und der Verfasser als Ketzer verfolgt wurde. Nun leben wir nicht mehr im Mittelalter, aber die inzwischen erkämpfte Meinungsfreiheit ist noch kein gesichertes Menschenrecht, das überall voll beachtet wird. Auch der Verfasser dieser Zeilen ist sich bewußt, daß es den Mächtigen seiner Kirche nicht unbedingt gefallen wird, wenn einer ihrer Anhänger für sich das Recht in

Anspruch nimmt, die offizielle Lehre zu hinterfragen und in vielen Punkten in Zweifel zu ziehen. Das mag dann schon einmal zur Folge haben, daß das eine oder andere Gottesbild in Scherben geht…

Wenn ich trotzdem den Entschluß gefaßt habe, meine in achtzig Jahren gesammelte Lebenserfahrung speziell auf dem Gebiet des Religiösen publik zu machen, mich also zu outen, wie man heute sagt, so ist es nicht mehr als recht und billig, wenn Du nach meinen Motiven fragst.

Um es ganz klar zu sagen: ich will keine neue Lehre verkünden, ich suche auch nicht nach Anhängerschaft, ich behaupte auch nicht, den Stein der Weisen gefunden zu haben. Aber ich betrachte mein Dasein auf dem Abenteuerspielplatz Leben, wie ich das gern nenne, auch als Auftrag, meine hier gesammelten Erfahrungen an Andere weiter zu geben, bevor ich diese Bühne verlasse. Unter „Andere" meine ich dabei vor allem meine Nachkommen, Kinder und Enkel, die trotz bester familiärer Bindungen zu ihrem Vater und Großvater über dessen Seelenleben nicht besonders gut Bescheid wissen, denn auch in meiner Familie ist Seelisches weitgehend tabuisiert und nur äußerst selten Gegenstand von Gesprächen und Meinungsaustausch. Doch trotz der in unserer Gesellschaft hereingebrochenen *Götterdämmerung* kann ich wohl davon ausgehen, daß auch bei ihnen eines Tages die dem Menschen eingeborene Sehnsucht nach einer befriedigenden Antwort auf die großen W-Fragen des Woher und Wohin und vor allem des Warums verlangt.

Doch da gibt es noch eine weitere Motivation, dieses Buch zu schreiben, und sie wird täglich drängender: Es ist, so möchte ich das nennen, das Leiden an dem Zustand unserer Welt, der alte Antrieb aller Weltverbesserer. Das ist übrigens kein von mir erstrebter Titel und ich weiß sehr wohl um den Geschmack von Selbstüberschätzung, der diesem Wort anhaftet. Wenn man aber tagtäglich sieht, wie die Menschheit droht in den Abgrund gerissen zu werden, ja selbst die Totengräber ihrer Existenz zu werden, dann kann man nicht einfach schweigend zusehen. Vor allem, wenn man glaubt, selbst einen Ausweg aus dem Schlammassel zu sehen. Wenn Du nun hörst, daß dieser *Ausweg bedingungslose Liebe* heißt, wirst Du vielleicht etwas müde lächeln und mich als Phantasten bezeichnen, ich könnte es Dir nicht verdenken; „Gutmensch“ ist ja gerade für solche Leute wie mich zum Unwort des Jahres gekürt worden, und Spott und Häme geht Hand in Hand mit diesem Wort einher. Ich und mein Buch wollen versuchen, Dich von dem Weg der Liebe zu überzeugen, Dich ins Boot zu holen, Dich zum Mitmachen zu bewegen. Und ich glaube, für dieses schwierige Unterfangen einen Trumpf in Ärmel zu haben: ich möchte Dich einfangen mit Geschichten, die mir das Leben erzählt hat, Geschichten von einem schönen, harmonischen und, wie ich meine, gelungenen Leben…

Vorwort: Vom Wandel meines Gottesbildes

Das einzig Beständige im Leben ist der Wandel, sagt das Sprichwort und so fühlte ich mich von Anfang an nicht dagegen gefeit, daß meine mühsam erworbenen Überzeugungen morgen noch die gleichen sein werden wie heute, wobei hinzu zu fügen wäre, daß manche meiner Überzeugungen ohnehin erst beim Schreiben gewonnen, mindestens präzisiert worden sind.

Tatsächlich, ich möchte das vorwegnehmen, hat sich ergeben, daß meine Befürchtungen in dieser Richtung nur zu berechtigt waren, denn das Buch stand mehrfach auf der Kippe. Anfangs hatte ich den Untertitel gewählt: *Versuch über die Liebe,* fühlte aber bald, daß ich mich mit diesem Titel überheben würde. Jetzt, da ich die letzten Seiten zu Papier gebracht habe und mich an das Vorwort mache, könnte ich mir den Titel sogar wieder vorstellen. In einem weiteren Versuch wollte ich das Buch unter den Titel stellen: *Wechselnde Pfade,* nach dem bekannten Kanon: *wechselnde Pfade, Schatten und Licht, alles ist Gnade, fürchte Dich nicht!* Doch dann entwickelte die politische Lage eine ungeahnte Dynamik infolge des Anschwellens des einer Völkerwanderung gleichkommenden Flüchtlingsstroms und damit zusammenhängend mit dem Beginn eines brutalen Religionskrieges, den muslimische Gotteskrieger dem Rest der Welt aufzwingen. Dem gegenüber erschienen die Probleme eines älteren Herrn wegen gewisser Glaubenszweifel dann doch ziemlich unbedeutend, um eben diesen Rest der Welt zu interessieren. Eine gewisse Resignation machte sich bei mir breit, das Gefühl, *die Welt braucht deine Ratschläge nicht* und *alleine kannst du den Zeitgeist eh nicht beeinflussen,* führte monatelang zur Einstellung der Baustelle, ehe sich der Gedanke wieder durchsetzte, daß das Weiterschreiben keine reine Selbstbespiegelung sondern die Abarbeitung eines Auftrags sei.

Und ich durfte ein weiteres Mal erfahren, daß ich als Schriftsteller nicht mehr allein agiere, daß da noch einer ist, der die Feder führt, wie man das früher formuliert hat. Man muß nur ein wenig auf die Stimmen hören, die von ganz alleine an einem vorbeiziehen, und man wird sehen, wie sich die Dinge zusammenfügen.

Mein Vorhaben dieses Buch zu schreiben unterliegt aber noch einer anderen Problematik. Papst Benedikt XVI, unser deutscher Papst, hat zu meiner Verwunderung auf die Frage, wie viele Wege es zu Gott gebe, gesagt: „so viele wie es Menschen gibt", eine Ansicht, die ich schon vorher auch selbst vertreten hatte, aber nie aus seinem Munde erwartet hätte. Wenn dem so ist, so muß sich mein Buch mit der Frage konfrontieren lassen, die die alten Römer in einem solchen Fall gestellt hätten: *cui bono?*, wem nützt das? Schließlich muß jeder Mensch seinen Weg allein finden und allein gehen. Was sollen also die *Selbstgespräche eines älteren Herrn*, wenn sie nicht oder nur bedingt vom Leser genutzt werden können, weil jeder sozusagen ein Einzelfall und damit ein Sonderfall ist? Dahinter verbirgt sich die alte Frage: können Erfahrungen überhaupt weiter gegeben werden, müssen sie nicht vielmehr selbst erworben werden, um zum Eigenbesitz zu werden?

Letztlich mußt Du, lieber Leser, diese Frage selbst entscheiden. Dir bleibt es überlassen, meine „Weisheiten" mit den Deinen abzugleichen, sie zu bewerten und in Dein Lebensbild einzupassen, oder eben auch als nicht passend zu verwerfen. Jedenfalls wünsche ich Dir bei dieser Pusselarbeit viel Vergnügen.

Da habe ich nun das Wort „Weisheiten" hingeschrieben, reichlich fahrlässig. Denn leider verfüge ich über keine neuen Weisheiten. Alles, was über das Bild Gottes gesagt werden kann, ist vermutlich schon gesagt: Ja in letzter Konsequenz ist das Gebot, sich von Gott k e i n Bild zu machen, richtig oder besser: folgerichtig. Es kann und darf eben nicht sein, daß es dem Menschen als dem Geschöpf Gottes möglich ist, seinen Schöpfer zu begreifen, sonst stünde er ja mit ihm auf einer Stufe, wäre also w i e Gott, wie es in der Sprache der Bibel Luzifer sich erdreistet und dadurch alles verloren hat. Erwarte also, lieber Leser, bitte keine Weisheiten in dieser Richtung. Was ich allenfalls liefern kann, ist eine Erzählung von Wundern in meinem Leben, die wenn es hoch kommt, etwas von der Weisheit des Schöpfers erahnen lassen.

Noch eine Vorbemerkung halte ich für angebracht. Falls Du schon ein Buch von mir gelesen hast, kennst Du sie allerdings schon: es geht um die Macht oder auch Ohnmacht der Sprache.

Mein Thema bringt es mit sich, daß der Weg diesmal in ein weitgehend unbekanntes Gelände führt, denn wer spricht schon über sein Innenleben? Das ist doch eher etwas für ein Couchgespräch mit dem Psychotherapeuten. Die zwei Semester Psychologie, die ich am Anfang meines Studiums auf dieses Fach verwendet habe, qualifizieren mich jedenfalls nicht, diesen Part zu übernehmen. Soviel habe ich aber immerhin mitgenommen, daß ich um das Problem aller verbalen Verständigung weiß: daß das, was jemand sagt von seinem Gegenüber zwar akustisch aufgenommen, oft aber völlig anders verstanden wird, als es der „Sender“ gemeint hat. Das liegt vor allem an den Unzulänglichkeiten unserer Sprache, die zwar einerseits eine der größten Errungenschaften des menschlichen Geistes ist, andererseits aber eben ein Behelfsmittel darstellt. So wie auch eine noch so detailgenaue Landkarte nur eine schematisierte und damit sehr klägliche Abbildung der realen Landschaft ist. Das wirkt sich in dem von mir angesprochenen schwierigen Gelände, der Seelenlandschaft, ganz massiv aus. Nehmen wir als Beispiel eben das Wort Seele: was kann da alles darunter verstanden werden? Wissen wir ja noch nicht einmal mit restloser Sicherheit, ob es sie wirklich gibt!

Ich glaube, daß es nicht nötig ist, das Problem Sprache weiter zu vertiefen, aber es ist sicher hilfreich, sich immer wieder zu vergegenwärtigen, daß sie nur ein Hilfsmittel darstellt und die Wirklichkeit in ihrer ungeheuren Vielfalt in nur sehr beschränktem Umfang abbilden kann. Haben wir doch in der Sprache nur einige hundert oder bestenfalls einige tausend Begriffe, in die wir versuchen müssen, die Welt einzuzwängen; und dann wundern wir uns, wenn die ganze Menschheit hoffnungslos einem auf diese ungeheure Verengung ausgerichteten Schubladendenken verfallen ist. Mein Fazit daraus: einen Begriff für etwas zu finden hat noch sehr wenig mit „begreifen“ zu tun!

Aber jetzt endlich hinein ins volle Menschenleben!

Kapitel 1: Vorgeburtliches und Nachgeburtliches

Keine Angst: Du mußt jetzt nicht einen Bericht über meine Vorleben, falls es solche gab, über Dich ergehen lassen; auch über das ungefähre Alter meiner Seele kann ich Dir keine näheren Angaben machen, obwohl man sich über Beides in speziellen esoterischen Kursen „schlauer" machen lassen kann. Ich habe mich zwar in meinem Leben durchaus mit einigen sogenannten „Grenzwissenschaften" beschäftigt, doch *„Rebirthing"*, *Archetypen* und dergleichen grenzwertige Spekulationen waren nicht darunter. Ich will damit aber nicht sagen, daß ich das alles für Schwindel halte, vielmehr habe ich derartige Angebote nicht genutzt, weil mir die Beschäftigung mit dem jetzigen Leben genug Stoff zu bieten scheint, den es zu bewältigen gilt. Über Wert und Unwert einer Sache zu urteilen, lehne ich jedoch grundsätzlich ab, solange ich mich nicht selbst über die Sache eingehend informiert habe. Die Erfahrung hat mich aber gelehrt, daß das Leben weitaus bunter ist, als es meine Schulweisheit für möglich hielt. Insofern bin ich durchaus bereit, auch Unbekanntem oder gar scheinbar Unsinnigem nicht von vorne herein jede Existenzberechtigung abzusprechen.

Meine Mutter hatte für solche Fälle ein sehr ansehnliches Schatzkästchen an Lebensweisheiten, in das sie gerne hineingriff; die passende Handlungsmaxime hätte hier geheißen: *prüfet alles und behaltet das Beste!*

Das Szenario, in das ich mit dem Tag meiner Geburt, dem 18. 9. 1934 eingetreten bin, läßt sich relativ leicht rekonstruieren. Meine Eltern waren beide im 42. Lebensjahr und befanden sich schon im achtzehnten Jahr ihrer Ehe. Ihre ersten beiden Kinder, beides Jungen, hatten nur kurz gelebt, ein Mädchen war bereits vierzehn Jahre alt. Die wirtschaftliche Situation war gut, die weiteren Aussichten für meinen Vater glänzend, aber der Herzenswunsch vor allem meines Vaters nach einem Sohn und Stammhalter noch unerfüllt.

Ich habe konkreten Anlaß davon auszugehen, daß sich meine Eltern um die Weihnachtstage des Jahres 1933 entschlossen haben, „in heiliger Liebe", wie es meine Mutter in ihren Aufzeichnungen genannt hat, noch einen Versuch zu wagen, einem weiteren Kind das Leben zu schenken, in dem innigen Wunsch, daß es ein Junge werde. Ebenso gesicherte Erkenntnis gibt es hinsichtlich der Motivation meiner Mutter, die Risiken einer weiteren Geburt einzugehen, obwohl sie bereits drei schwere Schwangerschaften ausgetragen hatte und alles andere als gesund war. Sie war Zeit ihres Lebens eine Eiferin im Dienst ihres Gottes, d.h. eine überzeugte Katholikin, und widmete das Leben dieses heißersehnten Sohnes, so er ihr geschenkt würde, sozusagen „ab ovo" dem Dienst dieses Gottes. Sie hat mir das später öfter erzählt und auch schriftlich festgehalten.

Um so weniger ist von dem zweiten Teil meiner Menschwerdung bekannt, von der Verbindung meiner Seele mit dem heranwachsenden Fötus. Wenn es richtig ist, daß der Mensch aus Leib, Geist und Seele besteht, dann muß die Frage erlaubt sein, wie und zu welchem Zeitpunkt bekommt das befruchtete Ei eine Seele? Es gibt da in der Tat einige Theorien speziell in der esoterischen Literatur, die freilich in Verbindung stehen mit den Themen Seelenwanderung und Reinkarnation und die deshalb keine Aufnahme fanden im Lehrgebäude der katholischen Kirche, da diese sich bekanntlich nach langem Ringen entschieden hat, Reinkarnation als Ketzerei zu verdammen. Folgt man aber einmal diesen esoterischen Stimmen, so könnte man sich den Ablauf etwa so vorstellen: meine Seele, die möglicherweise schon mehrmals auf der Erde inkarniert war, wartete darauf, für eine neue Erdenreise die geeigneten Eltern zu finden und gesellte sich, als meine Eltern den von Gott den Menschen anvertrauten Schöpfungsakt vollzogen, vertrauensvoll und schnurstracks zu dem werdenden Menschenkind.

„Halt, halt“, glaube ich Dich, lieber Leser, rufen zu hören, „Was soll denn der Quatsch?“

Wenn ich Deinen Einwurf richtig verstanden und gedeutet haben sollte, ist es wohl an der Zeit, ein paar grundsätzliche Bemerkungen zur Einordnung meiner das Übersinnliche betreffenden Aussagen zu machen.

Ich weiß im Grunde nichts, was Du nicht auch weißt oder Dir zumindest zugänglich machen kannst. Viele von denjenigen, die derartige Spekulationen in die Welt gesetzt haben, glauben es auch nur zu wissen, sei es aufgrund eigenen Meditierens oder aufgrund irgend welcher geheimnisvollen Durchgaben aus überirdischen Quellen. Was ist nun davon zu halten?

Meine Einstellung ist in groben Zügen folgende:

> Meine bisherige Lebenserfahrung hat mich in vielfältiger Weise gelehrt, meine Sinne und meinen Verstand nicht für ausreichend qualifizierte Instanzen zu halten, die allen Dingen auf den Grund gehen und sie erklären können. Das gilt nicht nur für mich als naturwissenschaftlichen Laien sondern auch für unsere fähigsten Köpfe auf diesem Gebiet. Die Menschheit wird zwar weiter alles daran setzen, vielleicht doch noch einige weitere Geheimnisse zu lüften, aber da die himmlische Informationspolitik außerordentlich sparsam mit ihren Geheimnissen umgeht, muß damit gerechnet werden, daß ein Informationsdefizit der Menschheit bestehen bleibt bis an das Ende der Zeiten. *Die Wolke des Nichtwissens* muß also mit ziemlicher Sicherheit ausgehalten werden. Was aber nicht heißt, daß es verboten ist, um es im Bild auszudrücken, von dem, was das Christkind hinter der verschlossenen Tür so treibt, einen kleinen Schimmer mitzubekommen.
>
> Anders ausgedrückt: wenn ich weiß, daß unser Wissen nur sehr begrenzt ist, dann eröffnet das unendliche Spielräume für die Phantasie, mir auf den vermutlich weitaus

größeren Rest einen Reim zu machen. Welchen Sinn dieser Reim dann macht, wie nahe er der uns verborgenen Wahrheit kommt, das ist zwar ein Teil der Spekulation – vielleicht sogar ein gewisser Kick bei dem Spiel mit der Phantasie – , kann aber getrost offen bleiben. Es ist auch eine durchaus ehrenwerte Einstellung, sich um die unergründlichen Geheimnisse der Schöpfung gar keine Gedanken zu machen, sondern sie in Demut auf sich beruhen zu lassen und das Leben, wie es kommt, einfach zu leben. Was mich neugierigen Menschen angeht, so kann ich nur sagen, daß die Spannung auf die Auflösung der Rätsel, die ich mir zum Zeitpunkt meines Übergangs in die überirdische Welt erhoffe, mit jedem Tag meines Lebens steigt.

Nachzutragen wäre noch, daß meine Seele damals in ihrem Warten auf eine neue Inkarnation mit ziemlicher Sicherheit nach Harmonie lechzte, eine Sucht, die mich dann zeitlebens begleitete. Sollte ich also nach dieser Hypothese tatsächlich an meiner Menschwerdung mitgewirkt haben, so wäre die Wahl meiner Eltern ein echter Volltreffer gewesen, denn eine harmonischere Ehe als die ihre ist mir im bisherigen Leben sonst nicht untergekommen. Damit nicht genug: ich wurde ja praktisch als Einzelkind geboren, denn meine Schwester war bei meiner Geburt mit fast fünfzehn Jahren fast schon ein junge Frau und liebte mich wie ein eigenes Kind; das weiß ich aus einem von ihr bei ihrem frühen Tod durch einem Fliegerangriff auf München hinterlassenen Gedicht. Streit mit ihr war schon von daher unwahrscheinlich. Und schließlich war meine Mutter voll für mich da, denn ihr Beruf war einfach Hausfrau und Mutter. Der Vater war ab meinem fünften Lebensjahr zudem im Dienst für das Vaterland tätig und trat somit nur als gelegentlicher Wochenendgast in Erscheinung – Vater/Sohn-Probleme wie Konkurrenzkampf, Ödipus-Komplex oder Ähnliches - fanden so keinen Nährboden. Meine Erziehung lag also ganz in den tatkräftigen Händen meiner Mutter. Das galt in ganz besonderer Weise für meine religiöse Erziehung, denn als Katholikin hatte sie in dieser Beziehung ohnehin das Sagen, denn mein Vater war evangelisch, mit seiner Rolle als stiller, wohlwollender Beobachter nach meinem Empfinden aber auch durchaus zufrieden. Die Konstellation, die ich bei meiner Geburt antraf, war also in weitestem Sinn konfliktfrei, sie konnte eigentlich nur durch Disharmonien in der Beziehung zu meiner Mutter gefährdet werden, doch solche gab es nicht. Ich liebte meine Rolle, ihr Sonnenscheinchen zu sein. Während des Krieges funktionierte die Mutter/Sohn-Symbiose, von den äußeren Umständen abgesehen, vorbildlich. Ich wuchs schnell in die Aufgabe, die Axt im Hause zu geben, hinein und übernahm gerne Verantwortung für das Zusammenleben, wie ich auch umgekehrt davon profitierte, indem ich manches lernte, was ich im späteren Leben gut einsetzen konnte, vom Kochen über Knopf annähen bis Stricken und Strümpfe stopfen. Alles in allem also eine recht gute Basis für ein weitgehend konfliktfreies Leben!

Und das dazugehörige Gottesbild?

Es war wissensmäßig exzellent fundiert – in der dritten Klasse bekam ich im Zeugnis in Religion ein „ausgezeichnet", eine Note, die es offiziell gar nicht gab - als Mittelpunkt meines Lebens uneingeschränkt akzeptiert und von keinerlei Zweifeln getrübt. Die üblichen Rituale wie Feste, Sakramente, Gottesdienste wie auch die verschiedenen täglichen Gebete wurden mit Begeisterung von mir mit vollzogen. Mein kindliches Vertrauen in den „lieben Gott" und seine Allmacht ließ sich auch in den Bombennächten nicht wirklich erschüttern, sogar zum tragischen Tod meiner Schwester wurde von mir noch die Liedzeile: *„Was Gott tut, das ist wohlgetan"* meiner Mutter als Trost gespendet. Sie hat das schriftlich festgehalten, ich selbst kann mich nicht daran erinnern und kann es auch kaum glauben.

Ein beneidenswerter Kinderglaube, wie ich die Zeit bis weit in die Pubertät hinein aus heutiger Sicht bezeichnen möchte. Wenn es einen Schatten gab, dann den, daß dieser „liebe Gott“ auch ein strafender Gott war. Doch das wurde von dem arglosen Kinderherzen damals noch widerspruchslos hingenommen.

Schon sehr früh, ich denke so etwa mit sechs Jahren, wurde ich Ministrant. Jedenfalls weiß ich noch, daß ich das Gloria, das Credo und die sogenannten Stufengebete und Responsorien schon lateinisch aufsagen konnte, bevor ich sie auf deutsch beherrschte. Ich kann das gut rekonstruieren, weil ich noch genau weiß , daß ich im Krankenhaus in München im Frühjahr 1944, als mein beim Indianerspielen gebrochener Arm operiert werden sollte, in der Kapelle einem Pater ministrieren durfte und wegen des gebrochenen Arms einige Mühe hatte, die beiden Kännchen mit Wein und Wasser zu balancieren.

Ich tat diesen Dienst sehr gerne und gab mir redlich Mühe, das heilige Geschehen, das ich mit vollziehen durfte, auch innerlich zu einem Erlebnis werden zu lassen, doch es gelang nicht wirklich; es blieb doch weitgehend beim äußeren Spektakel, das ich allerdings nach der Meinung vieler Kritiker selbst in der anspruchsvollen Atmosphäre der Sollner Pfarrei, die aktiv in der Liturgie-Reform des 2. Vatikanischen Konzils eingebunden war, überzeugend zu gestalten wußte; eine Rolle, die ich auch sehr genoß. Eine Folge davon war, daß ich viele Jahre im Leben der Pfarrei in allen möglichen Gruppierungen den Häuptling abgab.

Im Kontext zum Thema Wandel mag noch erwähnt werden, daß so um das Kriegsende ein Wandel im Verständnis und auch in der Gestaltung der Kirchenfeste eintrat, zumindest bei uns in der Familie. So veränderte sich etwa das Gesicht von Weihnachten zunehmend im Sinne von mehr Schlichtheit, um den Versuch eines Vordringens zum Wesentlichen. Statt des Lametta-überladenen Weihnachtsbaums trat die Krippe immer mehr in den Vordergrund. Erst war es eine umfangreiche Krippe mit selbst gefertigten

Laubsägefiguren, mit phantasievoller Hirten-Romantik in bayerischer Gebirgslandschaft, dann eine Oberammergauer kunstvoll gearbeitete handgeschnitzte Krippe. Dafür wurde „der Baum“ immer spartanischer geschmückt; statt farbiger Glaskugeln mit hohem Gold und Silber-Anteil durfte es dann nur noch Selbstgebasteltes sein, Strohsterne und Gefaltetes aus Goldpapier etwa. Da schon ab Anfang Dezember vor Kaufhäusern und Tankstellen Weihnachtsbäume mit ständig brennenden elektrischen Kerzen aufgestellt wurden, geriet der häusliche Baum gar in Gefahr, ganz abgeschafft zu werden, was sich aber dann doch jedes Jahr erneut als undurchführbar und „frevelhaft“ erwies. Ja selbst der Vorschlag, nur noch einen ganz kleinen Baum aufzustellen, wurde letztlich verworfen. Immerhin haben meine Frau und ich es geschafft, in unserer jungen, aber schnell wachsenden Familie die Bescherung vom Heiligen Abend auf den Morgen des ersten Weihnachtstags zu verlegen, um für die Feier des Weihnachtsgeheimnisses am Abend Zeit und Ruhe zu gewinnen. Das war aber schon ein außerordentlicher Kraftakt gegen den Strom, für den wir von manchen Gleichgesinnten Bewunderung erfuhren.

Doch wie auch immer wir das Fest der Liebe gefeiert haben, es war ein solches, die Harmonie wurde meines Wissens nie gestört und die eigene Erinnerung sowie die unserer Kinder daran ist eine sehr glückliche. Ich weiß, es klingt wie ein Märchen, aber es ist einfach wundervoll, in Harmonie und Liebe zu leben. Ich räume aber noch einmal ein: es sind und waren auch außerordentlich glückliche Umstände, es wird noch mehr davon zu berichten sein.

Ein solcher glücklicher Umstand war unser Paradies Steinebach, das Wochenendhaus am Wörthsee, wo ich große Teile meiner frühen Kindheit und der Kriegszeit sowie später bis zur schweren Krankheit meiner Frau mit den glücklich heranwachsenden Kindern sozusagen jede freie Minute verbrachte. Ich nenne diese Zeit *die sieben fetten Jahre* unseres Lebens und habe sie in meinen Büchern schon in vielen Farben zu malen versucht. Sie trugen meines Erachtens entscheidend dazu bei, den Kindern eine tiefe Freude an der Natur und ein grundlegendes Urvertrauen in die Schöpfung mitzugeben, das auch, nachdem sie ihre aktiv im „Schoß der Kirche“ verbrachte Zeit lange hinter sich gelassen haben, ihr Leben mit Fröhlichkeit und Liebe prägt.

Zu berichten wäre wenigstens kurz vom „Dritten Reich“, das auf tausend Jahre angelegt war und mit dem Ende des 2. Weltkriegs kläglich unterging, und zwar ohne die fliegenden Fahnen, die eines ihrer unvergeßlichen Markenzeichen waren; wir hatten übrigens nie eine solche besessen. Aber der Vorort Solln, in dem wir wohnten, lag auch weitab von den Aufmarschstraßen der „Hauptstadt der Bewegung“. Mir will aus heutiger Sicht fast scheinen, daß das Ganze nur ein Spuk war, jedenfalls im Empfinden des damals kleinen Jungen, der glücklicherweise von ganz schlimmen Erschütterungen verschont blieb. Wohl ist der durchlittene Hunger noch eine unauslöschliche Erinnerung, dazu die fürchterlichen Bombenangriffe, allerdings abseits des Stadtzentrums nicht wirklich als existenzbedrohend erlebt. Die Naziherrschaft war für uns, in deren Adern glücklicherweise kein jüdisches Blut fließt, nicht schicksalsbestimmend; ja selbst unsere Religionsausübung war kaum beeinträchtigt. An die Hakenkreuzfahnen und Hitlerbilder, die in den Schulzimmern schon bei meiner Einschulung im Jahr 1941 die Holzkreuze ersetzt hatten, an die allfälligen Propagandaparolen mit Aufstellung im Schulhof und dem Absingen des Deutschland- und des Horst-Wessel-Liedes hatte man sich gewöhnt und wußte genau, daß man sich tunlichst in der zweiten Reihe aufstellen mußte, um die Schulter eines Vordermannes zum Abstützen des zum Führergruß auszustreckenden Armes während der langen Prozedur nutzen zu können.

Ja, ich kann nicht einmal sagen, daß die Kriegserlebnisse bei mir bis heute schwere Traumata hinterlassen hätten, von denen aktuell viel gesprochen wird, jetzt, da so langsam die Generation, die als Kinder den Krieg erlebt hat, ausstirbt. Aber auch das dürfte in erster Linie den glücklichen Umständen geschuldet sein, unter denen ich die Jahre erlebt habe. Und eben dem als zuverlässig empfundenen Schutz durch die Liebe meiner Mutter, die im Verein mit Gott und seinen Schutzengeln mich gut behütet hat.

Hatte ich also das „verbrecherische Regime“, wie es meine Mutter schon weit vor seinem Untergang genannt hatte, gut überstanden, so kann das auch von dem skandalösesten Betrug in meiner Kindheit gesagt werden, der überraschenderweise folgenlos blieb. Genau kann ich gar nicht sagen, wann ich die bestürzende Feststellung gemacht habe, daß es weder Nikolaus, Christkind noch Osterhase, die ja doch für die ersten Lebensjahre wichtige, ja prägenden Figuren meines Daseins waren, in Wirklichkeit gar nicht gab. Irgendwann waren die Tricks durchschaut; die eigentlich zu erwartende Erschütterung des Gemüts wurde wohl nur dadurch gemildert oder ganz ausgeblendet, daß die „Segnungen“ ihres jeweiligen pünktlichen Erscheinens trotzdem nicht ausblieben. Allerdings sehe ich das als Erwachsener nicht mehr so locker, denn „wer einmal lügt, dem glaubt man nicht, und wenn er selbst die Wahrheit spricht“, wie eines der wichtigen Sprichwörter hieß, die meine Erziehung durchzogen. Als Grundlage für eine dauerhafte Gottesbeziehung scheint mir ein Gott in Gestalt eines in jedem Jahr wieder neu geborenen Sohnes, der sich zudem als wenig wirksame Krippenfigur entpuppt, nicht sehr überzeugend zu sein. Aber die Enttäuschung stellte sich im weiteren Wandel generell als eine nicht zu umgehende Begleiterscheinung des ursprünglich so machtvoll imaginierten Gottesbildes heraus.

Also jetzt weiter in der Frage: was haben mich die achtzig Jahre Mitspielen auf dem Abenteuerspielplatz „Leben“ gelehrt? Was kann ich an Erkenntnissen weitergeben?

Zunächst ist festzuhalten, daß der kindliche Glaube an einen allmächtigen Gott eine weitere Affirmation erhielt, die ein eigenes Kapitel verdient.

Kapitel 2: 1 K 13: Glaube, Hoffnung und Liebe

1 K 13 klingt wie eine Verschwörungsformel. Und sie war auch eine.

Gemeint ist damit die allen einigermaßen Bibelfesten gut bekannte paulinische Trilogie von Glaube, Hoffnung und Liebe mit der schönen Aussage, daß die Liebe unter den Dreien die Größte ist. Paulus hat das in seinem ersten Brief an die Korinther im 13. Kapitel niedergeschrieben, daher die Formel.

Verschwörungsformel nenne ich dieses Kürzel deshalb, weil nur wenige Bibelkundige, vor allem bei den Katholiken, selbst wenn sie sich in der Bibel einigermaßen auskennen, angeben können, wo das von ihnen gebrauchte Bibelzitat steht.

Tatsache ist, daß es im ersten Jahrzehnt nach dem Krieg eine monatlich erscheinende Publikation gab, die von der Deutschen Pfadfinderschaft St. Georg herausgegeben und verantwortet wurde und unter dem Titel 1 K 13 firmierte. Das war zwar anfangs nur ein vierseitiges Din A5 Blatt und galt, noch vor der Münchner Kath. Kirchenzeitung, als Pflichtlektüre für alle katholischen Pfadfinder. Aus heutiger Sicht erscheint es nahezu undenkbar, mit dem hohen theologischen Anspruch des Korintherbriefes heranwachsende Jungen für die Idee der Liebe zu begeistern; damals war das ein wichtiger Leitsatz eines Programms, das sich ganz der Liebe verschrieben hatte. Jeden Tag eine gute Tat (für Andere) zu tun war eine heilige Pflicht, die zu erfüllen jeder einzelne Pfadfinder einen feierlichen Eid auf die Fahne mit der Georgslilie ablegte. Zu diesem Programm gehört auch der Pfadfindergruß: man reicht sich unter Pfadfindern die linke, von Herzen kommende Hand; die zum

Gruß erhobene rechte Hand mit dem durch den Daumen geschützten kleinen Finger symbolisiert als Liebesbotschaft: ich bin für Dich da.

Ich finde es sehr bemerkenswert, daß es in dieser Zeit des Neuanfangs Idealisten gab, die es für möglich hielten, das Gebot „Liebe Deinen Nächsten“ ernst zu nehmen und die neue Gesellschaft auf dieses Ziel hin auszurichten. Heute ist es leider üblich geworden, eine solche Einstellung als „Gutmenschentum“ zu verhöhnen, mindestens aber als weltfremd abzutun.

Nun ja, als ich Psychologie zu studieren begann, war es gerade Mode geworden, den Studenten zu empfehlen, sich erst einmal eine ordentliche „Streitkultur“ zuzulegen, was, wie man nachvollziehen kann, mich hart traf, denn das hatte ich nun wirklich nicht mit der Muttermilch eingesogen; was mich auch veranlaßte, Professor Philipp Lersch und Konsorten, damals die führenden Köpfe der Münchner Psychologenszene, fluchtartig zu verlassen. Jedem, der mich fragte, warum ich das Studienfach gewechselt habe, antwortete ich mit dem vernichtenden Urteil: weil die Herren zwar gut sein mögen im Auseinandernehmen der menschlichen Seele, aber nach meiner Meinung nicht in der Lage seien, sie wieder heil zusammen zu setzen.

Für mich war das Pfadfindertum das Beste, was das Leben mir in dieser Zeit bieten konnte. Ich verweise auf meine ausführliche Würdigung in meinem Buch „Glück und Glas“, will aber wenigstens das Resümee, das ich dort gezogen habe, hier übernehmen:

Die Pfadfinderei erwies sich als d i e Schule fürs Leben: vom Feuer-Machen bis zum Kochen, vom Umgang mit Kompaß und Karte bis zum Überlebenstraining, vom Erste-Hilfe-Kurs bis zum Rettungsschwimmen, vom Gitarre-Spielen bis zur Führerschulung, vom Planen eines zweiwöchigen Sommerlagers bis zur Motivation zum sonntäglichen Kirchgang, vom Schutz der Natur bis zur Schlichtung von Streitigkeiten - wo gäbe es das alles auf dem Lehrplan einer Schule?

Kapitel 3: Aufkommende Glaubenszweifel

Wann sie eigentlich aufgetreten sind, kann ich nicht sagen; jedenfalls fällt mir kein Ereignis ein, an dem ich ihr erstes Auftreten festmachen kann. Ich denke, sie haben sich einfach auf leisen Sohlen eingeschlichen. Zu diskutieren gab es freilich eine Menge, etwa über den freien Willen oder über das Jenseits. Daß der Mensch einen freien Willen habe, vertrat ich vehement und auch nicht zimperlich. Es ist verbürgt, daß ich eine andersdenkende und argumentierende Mitstudentin nach einem Theaterbesuch einfach aus dem Auto warf, um ihr meine Willensfreiheit zu beweisen. Zur Jenseits-Diskussion, die es in dieser Zeit noch gab, inzwischen ist daraus ja eher ein Tabu-Thema geworden, wußte ich als leidenschaftlicher Segler beizusteuern, daß ich an dessen Segnungen nicht interessiert sei, wenn man dort nicht wenigstens auch segeln könne.

Überhaupt drängt sich mir das Gefühl auf, daß ich in dieser Zeit sehr überzeugt war, in der richtigen Kirche zu sein, denn der Anspruch Roms, die alleinseligmachende Kirche zu vertreten, gab mir innerlich das triumphierende Bewußtsein gegenüber Andersgläubigen, auf der „richtigen Seite“ zu stehen, ja, daß ich die Anderen zu bedauern hätte, die auf der falschen Seite waren.

Allerdings frage ich mich, wenn dieses Gefühl zutrifft, warum kam ich vom stramm vorgegebenen Wunsch, Priester und Missionar zu werden, eigentlich ab? Seltsamerweise habe ich den Anlaß und auch den Zeitpunkt dafür vergessen oder verdrängt. Sicher ist jedenfalls, daß es nichts mit dem Eintritt meiner ersten Liebe Marianne, die bis zum heutigen Tag auch meine einzige und damit letzte war und ist, in meine Welt zu tun hatte, denn der fand erst drei Jahre später statt. Wohl möglich, ja wahrscheinlich ist, daß aber doch „cherchez la femme“ dahinter steckt, denn das Weibliche zog mich schon deutlich früher in seinen Bann.

Aufschlußreich erscheint mir da eine Szene zu sein, die mir noch deutlich in Erinnerung ist und sozusagen der Anfang vom Ende meines „geistlichen“ Traums war. Es muß so in der Mitte der sechsten Klasse gewesen sein, denn ich war einerseits gerade wieder an das Theresien-Gymnasium zurückgekehrt, nachdem ich vorher vier Klassen am Ernst-Adam-Gymnasium verbracht hatte, andererseits war mein Freund und Partner Günther L. in dieser Szene mein Gegenspieler, und der ging am Ende des sechsten Schuljahres mit der Mittleren Reife ab. Wir befanden uns auf der Rückfahrt von der Schule nach Hause; der Zug war um die Mittagszeit so gut wie leer, Günther und ich hatten ein ganzes Abteil für uns allein. Da kein dritter Mann zum üblichen Skat-Spiel da war, unterhielten wir uns, was selten vorkam, über unsere Berufswünsche. Auf seine Frage, was ich studieren wolle, sagte ich wie immer: Theologie und sagte wohl auch, daß ich Pfarrer werden wolle. Da brach er in ein geradezu anstößiges Lachen aus und meinte: wenn ich Pfarrer werden sollte, dann würde er eine ganze Putzfrau samt Besen fressen – das war damals einer von den starken Sprüchen von uns Halbstarken.

Nun sollte ich noch erwähnen, daß Günther mich relativ gut kannte, denn außer daß wir stundenlang miteinander Tischtennis spielten, stellten wir die Besetzung eines Tanz-Duos: er spielte recht gut Akkordeon, ich mehr schlecht als recht Gitarre.

An Fasching und auch auf der Skihütte war unser Duo einfach unentbehrlich, auch wenn er mir vor dem Akkordwechsel immer rechtzeitig ein Zeichen geben mußte, daß ich nicht weiter in der Dominante spielte und den Wechsel zur Subdominante verpaßte. Leider verschwand dieser, was meine Zukunft angeht, so hellsichtige Mann ziemlich sang- und klanglos aus meinem Leben. Eine Zeitlang hatte ich noch sein Paradestück „Heinzelmännchens

Wachtparade“ im Ohr, das er mit seinen zahlreichen Tonlagenwechseln beeindruckend spielen konnte; ich habe allerdings den leisen Verdacht, daß er es auch deshalb so gern spielte, weil er wußte, daß ich sein Salonstück nicht so recht mochte, und schon gar nicht mitspielen konnte.

Übrigens folgte ich ein paar Jahre später seinen Erfolgsspuren als Akkordeonist; ich kaufte mir eine tolle Quetsche, wie das in unserem Jargon hieß, übte fleißig, aber ohne Lehrer (wozu hatte ich denn Klavierspielen gelernt?), und daraus konnte dann auch nichts Richtiges werden. Überhaupt ist meine Liebe zur Musik eher eine unglückliche geblieben. Ich war und bin einfach nicht begabt genug, mir Noten merken zu können und vom Blatt spielen ist in meinen Augen eben von vorne herein Stümperei.

Inzwischen, jetzt schon über achtzig Jahre alt, haben mich die schrecklichen Enthüllungen von Übergriffen vieler Geistlicher auf Kinder und Jugendliche aus ihrer sexuellen Notlage heraus zu der Erkenntnis gebracht, daß mich mein Schutzengel damals vor einer ähnlichen Katastrophe zurückgerissen hat. Mit an Sicherheit grenzender Wahrscheinlichkeit wäre ich als Geistlicher in dieselbe Falle getappt, die die Kirche mit dem erzwungenen und aus meiner Sicht absolut überflüssigen Zölibat geschaffen hat.

Doch zurück zum Wesentlichen, zum Wandel meines Glaubens.

Klar ist wohl, daß ich nicht die Religion selbst in Frage stellte, denn sie gab ich ja, einschließlich des sonntäglichen Kirchenbesuchs, noch voller Überzeugung – zusammen mit meiner Frau – an Kinder und Kindeskinder weiter. Da auch tiefschürfendes Graben in der Erinnerung bisher nichts geholfen hat, ist es sicher nicht verkehrt, die sonstigen Faktoren abzuklopfen, die mein Leben beeinflußt haben.

Da mögen nun zuallererst Freunde in Verdacht geraten, aber da ich mich fast ausschließlich in katholischen Kreisen bewegte, kann ich diese Spur ausschließen.

Weiter sind die Bücher, die ich gelesen habe, als verdächtige Einflußfaktoren zu nennen.

Dies zu erörtern sieht nun nach einem mühsamen Unterfangen aus, denn ich war ein echter Bücherwurm, habe Nächte lang alles Mögliche verschlungen und weiß von vielem absolut nichts mehr. Doch in diesem Fall ist das Vergessen einmal recht hilfreich, denn der Schlüssel dürfte ja wohl in dem liegen, was ich noch erinnere, was mich das Leben über begleitet und geprägt hat.

Mein Vater besaß eine ziemlich große Bibliothek, die mir unbegrenzt zur Verfügung stand. Noch heute befinden sich in dem Teil, den ich übernommen habe, viele ungelesene Exemplare vor allem der deutschen Klassik, für die mein Interesse recht eng begrenzt war. Ich jagte viel mehr den Neuerscheinungen aus dem Bereich her, den ich einmal mit Grenzwissenschaften bezeichnen will, wobei ich zu diesem Themenkreis neben der Psychologie einmal auch die Religionswissenschaften zählen möchte, dazu den Bereich der Naturwissenschaften. Diese waren mit ziemlicher Sicherheit daran beteiligt, die ersten Zweifel zu säen, und das begann schon am Gymnasium.

Es war nicht zu übersehen, daß die Lehrinhalte, die uns einerseits in Physik und andererseits in Religion vermittelt wurden, zwar viel miteinander zu tun hatten, aber in vielen Fällen auch in eklatantem Widerspruch zueinander standen. Da die Physik fast ausschließlich mit harten Fakten operierte, Religion aber immer die Bereitschaft zum Glauben voraussetzte, stand der Sieger schon fest, bevor die Auseinandersetzung richtig in Gang gekommen war. Religion geriet gar in Gefahr, zur Märchenstunde zu verkommen.

In diese Situation platzte dann 1950 die Verkündung des neuen Dogmas aus Rom über die leibliche Aufnahme Mariens in den Himmel hinein. Das war auch für treue Kirchgänger ein schwerer Toback und dürfte nicht nur bei mir zu großen Irritationen in meinem Glauben geführt haben.

Die große Herausforderung für den Glauben war dann das Buch des jüdischen Philosophen Hans Jonas: „Der Gottesbegriff nach Auschwitz". Ich erinnere mich noch gut daran, wie ich das Buch verschlungen habe und wir im Freundeskreis halbe Nächte darüber diskutiert haben. Der „liebe Gott" und seine gütige Lenkung aller irdischen Geschicke kam da schon arg in Bedrängnis. Wie konnte er den Holocaust geschehen lassen, warum hat er nicht eingegriffen? Wo war seine Liebe? Gab es ihn denn überhaupt? Jedenfalls: Ein neues Gottesbild war längst überfällig und es wurde auch im Vorfeld des 2. Vatikanischen Konzils daran gearbeitet.

In dieser Zeit wurde viel über die Stellung und Bedeutung der Frau in der Kirche gesprochen. Jahrhunderte lang war ihr in der katholischen Kirche ja die Rolle der Schweigenden zugeteilt: mulier taceat in ecclesiam hatte Paulus als Losung vorgegeben. Nur ganz langsam wurde sie jetzt zumindest als Helferin im kirchlichen Dienst anerkannt; bei der Liturgie sah man immer häufiger Mädchen als Messdienerinnen. Ja, die Diskussion über die Rolle der Frau machte nicht einmal vor Gott selbst halt. War Gott denn ein Mann, war er nicht zugleich auch Frau, also androgyn, ein Wort, das man erst einmal lernen mußte. In meinem Umfeld war es Maria, die als Gottesmutter und weibliches Prinzip sozusagen ersatzweise verehrt wurde; gleich hinter ihrem Sohn beherrschte sie die religiöse Szene. Gott Vater kam eigentlich zu kurz, denn Jesus war unser Held, der das Banner uns als seinen Kriegstruppen vorantrug und dem wir zu folgen hatten, So ganz klar war dabei nicht, in welche Schlacht wir zogen, gegen wen wir zu kämpfen hatten. Politisch jedenfalls war das Christentum ja wieder in vollem Umfang anerkannt, in Bayern in besonderer Weise staatstragend; dort wurde auch recht ungeniert von der Kanzel verkündet, wo man als Wähler seine Kreuzchen zu setzen hatte. Die Vorherrschaft der CSU reicht ja auch bis heute zur Regierungsbildung. Und die Gesellschaftspolitik stand recht eindeutig unter dem Vorzeichen der drei „K": Kirche, Küche, Kinder, für die Frau, wohlgemerkt! Für mich gab es keinen Zweifel: Gott, jetzt mal ohne Sohn und Heiliger Geist, war der liebende Vater, und damit natürlich männlichen Geschlechts!

Allerdings hatte sich doch eine nicht unwesentliche Änderung durchgesetzt: hinter dem alttestamentlichen kriegerischen und auch strafenden Gott schälte sich immer stärker das Bild des liebenden Gotts aus der Botschaft seines Sohnes heraus, was praktisch einen Vollzug des Wandels darstellte, der sich auch in unserer Familie längst ergeben hatte: das Alte Testament hatte von jeher wenig Bedeutung für unser Gottesbild besessen.

Noch eine weitere Diskussion bewegte heftig die Gemüter in der katholischen Szene: die Frage, ob der ganze „göttliche Personenkult" nicht allzu menschliche Züge trüge, Gott nicht viel mehr als rein geistiges Prinzip zu sehen sei. Diese Diskussion gewann erst so richtig an Fahrt, als meine Frau ins Haus kam, die dieser von ihr als „bayerisch barocke Familienvorstellung" gesehene göttliche Daseinsform skeptisch gegenüber stand. Doch die Ausrichtung des in der Familie vorhandenen Gottesbildes blieb, jedenfalls bis unsere Kinder groß waren und mit ihrer Firmung alle die Jugendlichen zugedachten Sakramente empfangen hatten, sozusagen „katholisch linientreu". Auf dieser Linie bewegte sich auch mein Leben als Student, das mich und mein Gottesbild ganz im Schoß der Kirche festhielt, woran auch einige sehr renommierte Kirchenmänner teilhatten.

Allen voran nenne ich hier Romano Guardini, dessen sonntägliche Predigten für die Münchner Studentenschaft in der Ludwigskirche sehr bewegend und auch dementsprechend gut besucht waren; ich ging mit meinen Eltern nach Möglichkeit in seine Predigten, um wieder festen Halt in der grenzenlosen Liebe Gottes, die er verkündete, zu finden; darüber gerieten die doch sehr dogmatischen Inhalte im Lehrgebäude der katholischen Kirche in den Hintergrund, was mir mindestens vorläufig ein Weiterleben als aktiver und bekennender Katholik ermöglichte.

Romano Guardini wurde darüber hinaus etwas später für Marianne und mich zu einem echten Heilsbringer, denn er ist mindestens indirekt zu unserem Ehevermittler geworden; allerdings hat er vermutlich nie etwas davon erfahren.
Guardini darf als der Vater der Liturgie-Reform im Rahmen des zweiten vatikanischen Konzils gelten, und diese Bewegung hatte ihre geistige Heimat auf Burg Rothenfels im Spessart, die auch die Burg der Erneuerung genannt wurde. Die ganze Bewegung wurde stark von den „Oratorianern" mit geprägt, ein Kreis geistlicher Herren, die sich eines schönen Tages in Solln, meinem damaligen Heimatort, niedergelassen hatten. Durch sie wurde die Pfarrei Johann Baptist Solln sozusagen zur Probebühne für die neue Liturgie, was zumindest von der Jugend der Pfarrei lebhaft begrüßt und gern mit vollzogen wurde. Daraus wird verständlich, daß sich zwischen Solln und der Burg Rothenfels ein reger Verkehr entwickelte. Ein kleines Beispiel dafür ist die Radtour einer dreiköpfigen Pfadfindergruppe aus Solln im April 1952 nach Rothenfels zur Feier der Osterliturgie. Da ich einer dieser drei Jungen war, kann ich aus erster Hand berichten.
Wirklich Berichtenswertes von der Feier der Karwoche und der Osterliturgie gibt es eigentlich gar nicht, denn das Geschehen ist stark überlagert von einer Liebesgeschichte, der Liebesgeschichte schlechthin, unserer Liebesgeschichte. Obwohl sie nicht ganz zum Thema paßt, soll sie hier wenigstens in kurzen Zügen noch einmal erzählt werden, hatte sie doch auch eine starke Bedeutung für mein Seelenleben. Ausführlich ist sie übrigens beschrieben in dem Kapitel *„Von dem Fischer und seiner Frau"* in dem Buch *Glück und Glas.*

Bisher konntest Du, lieber Leser, verfolgen, daß drei Pfadfinder aus Solln nach Rothenfels geradelt sind. Was Du noch nicht weißt, ist, daß sich ziemlich gleichzeitig auch drei junge Damen aus Düsseldorf aufmachten, Rothenfels und sein Angebot zu religiöser

Erneuerung kennen zu lernen. Der Regisseur, der für große schicksalhafte Begegnungen verantwortlich ist, hat das Zusammentreffen der beiden Dreiergruppen sehr raffiniert eingefädelt, indem er die Jungen auf den Bahnhof Rothenfels beorderte, um dort einige geistliche Herren aus Solln in Empfang zu nehmen. Doch aus dem Zug stiegen nicht die erwarteten Oratorianer, sondern die drei jungen, elegant gekleideten Damen aus Düsseldorf, die so gar nicht zur Szene paßten, die eindeutig von einer Art Worpsweder Stil geprägt wurde. Da die Stadtvögel aber auch reichliches Gepäck mitbrachten und der Rolli noch nicht erfunden war, ergab sich für die Pfadis eine gute Gelegenheit, ihre tägliche „gute Tat“ zu erledigen, indem sie den Damen ihre Koffer tragen halfen, und das offenbar mit sichtlichem Vergnügen, denn die Gruppe bewältigte den steilen Weg zur Burg mit angeregtem Gespräch und häufigem Gelächter. Als maßgeblich Mitwirkender in dieser Szene kann ich feststellen: für mich war es *großes Kino*, obwohl ich damals natürlich nicht wissen konnte, daß sich daraus die große Liebe meines Lebens entwickeln sollte.
Jedenfalls gab Rothenfels in der Folge mehrfach den Schauplatz ab für die Fortsetzung der erfolgreichen Serie über das Liebesglück der beiden Protagonisten. Daß das der Stabilität des Gottesbildes der Beiden sehr gut bekam, sei am Rande erwähnt, wenn auch nicht verheimlicht werden soll, daß das weitere Gedeihen ihrer Liebesbeziehung meist im Vordergrund stand. Letztere bekam aber auch schon bald den kirchlichen Segen, denn Dr. Heinrich Kahlefeld, nach Guardini der verantwortliche geistliche Leiter der Burg, äußerte in einem sehr persönlichen Gespräch, das die jungen Leute angesichts der Schwierigkeiten ihrer Beziehung suchten, den Wunsch, daß Marianne die Mutter meiner Kinder werden möge.

Damit bin ich jetzt im zeitlichen Ablauf der Geschichte ein ganzes Stück vorangeeilt. Kehren wir also zurück zu den Einflüssen auf mein Gottesbild, die von meiner Lektüre ausging.

So ganz sicher bin ich nicht, ob ich den Begriff „Bibliotheksengel" selbst erfunden habe oder ob er mir von irgendwoher zugeflogen ist, jedenfalls hab ich ihn gerne benützt, und er wurde für mich zum festen Begriff. Ja, ich glaube an eine überirdische Kraft, die dafür sorgt, daß der Suchende zum richtigen Zeitpunkt das richtige Buch in die Hand bekommt, das er für seine Weiterentwicklung braucht. Ob man das jetzt als Engel bezeichnet oder auch als Psychopompos (Seelenführer) wie die alten Griechen oder als Trickster, wie ich das gerade einem jüngst erschienenen Buch aus der Heilerszene entnommen habe, ist dabei letztlich egal. So wie Veronika Carstens ein Buch geschrieben hat: „Dein Ziel wird Dich finden", so sage ich in leichter Abwandlung. „Dein Buch wird Dich finden".

Nun würde es den Rahmen meines Buches sprengen, die Kette an Beweisen für meine These zu erbringen; ich kann und will nur eine kleine Auswahl bieten.

Zunächst waren da esoterische Vorträge, von T. Detlefsen, E. Drewermann, G. Giani und anderen, aus denen zu lernen war, daß die Bibel nicht wörtlich zu nehmen sondern nur aus ihrer Symbolsprache zu verstehen ist, die erst entschlüsselt werden muß. Wie gerne lernte ich, daß es zwei völlig verschieden Sprachebenen gibt, einerseits die kausale, lineare und duale Sprache der Naturwissenschaften und andererseits die verschlüsselte Bildersprache der Bibel.

Neben der Bibel traten um die gleiche Zeit andere Schöpfungsriten in mein Gesichtsfeld, animistische Schamanenreligionen, Kosmologien, von denen wir in der Schule noch nie etwas gehört hatten. Ich erfuhr etwas über die „Heilige Geometrie" der gotischen Kirchen, über die Wunder in den Pyramiden der Ägypter, von der „Blume des Lebens"; mit der Holographie eröffnete sich eine ganz neue Weltsicht, die Welt als Ganzes jenseits aller vordergründigen Dualismen. Und nicht zuletzt lernte ich zumindest in Umrissen die nichtchristlichen Religionen, Zen und die östliche mystische Gotteserfahrung kennen. Den (vorläufigen?) Abschluß bildet gegenwärtig ein sich vertiefender Kontakt zum Sufismus, über den ich erst vor kurzen gestolpert bin und über den ich noch berichten werde.

Das waren mehr die von außen an mich heran flutenden und zu verarbeitenden Impulse, die mein Bibliotheksengel für mich bereit hielt. Dazu kommen noch viele umwälzende Erkenntnisse aus dem Bereich der Naturwissenschaften, Ken Wilber mit seiner schlüssigen Deutung des Evolutionsgeschehens, A. Einstein und W. Heisenberg, R. Sheldrake mit seiner Theorie der morphogenetischen Felder, und wie sie alle heißen.

Daneben entdeckte ich, daß in zahlreichen Büchern über geheimnisvolle Phänomene der Frühgeschichte, von rätselhaften Besuchen Außerirdischer - wer weiß schon, daß es sogar in der Bibel unter der Überschrift „eine zweite Schöpfungsgeschichte“ eine ganz unzweideutige Schilderung vom Besuch von Außerirdischen gibt - , daß vom Untergang ganzer Reiche berichtet wird, die von der „ernsten Wissenschaft“ belächelt oder, noch schlimmer, einfach totgeschwiegen wurden. Alternative Medizin wie etwa Homöopathie ist da nur *ein* einschlägiges Beispiel. Wie man auch immer an die Sache heranging, es roch nach Lobbyismus, nach Korruption oder gar Betrug. Was, so ist zu fragen, wird vom Establishment an Geld ausgegeben, um irgendwelche Pfründe zu erhalten? In jedem Fall tat sich ein sehr schwankender Boden für die Suche nach Eindeutigkeit und Wahrheit auf!

Interessanterweise nahm die „Baustelle Gottesbild“ eine extrem ambivalente Entwicklung, es ging sozusagen auf und ab, vergleichbar dem Erscheinungsbild des Mondes, mal zunehmend, mal abnehmend, versöhnlich und mal unversöhnlich.

Absolut verstörend etwa wirkte der „Einbruch der Geschichte“, wie ich das einmal pauschal nennen möchte, das immer wieder zur Kenntnis-nehmen-Müssen, welche Gräuel im Namen eines Gottes von der Kirche, nein, von den Kirchen, verübt wurden: Kreuzzüge,

Heiden-Mission, Hexenverbrennungen und Ähnliches mehr, die kirchliche Weihe der tödlichen Waffen nur als ein Beispiel des puren Irrsinns gesondert herausgegriffen.

Dagegen die unglaublich aufbauende Begegnung mit der Welt des Klangs, für die ich Joachim E. Behrendt post mortem Dankesgrüße hinterherschicken möchte. Sein „Die Welt ist Klang“ hat mein Gottesbild um Vieles bereichert, eine ganz neue Dimension eröffnet. Martin Schleske hat dem vor drei oder vier Jahren mit seinem Buch „Der Klang“, geschrieben aus dem Herzen eines Geigenbauers, noch einmal einen wunderbaren Akkord drauf gesetzt. Auf meinem Weg zu einem neuen Gottesbild wuchs der Begriff „Harmonia mundi“ heran, der sich perfekt in das Bild einer alles umfassenden h e i l e n Schöpfung einpaßte.

Während sich mein holozentrisches neues Gottesbild also beglückend weitete, zerfiel das dogmatisch festgezurrte immer mehr. Was sollte mir das Gestreite um Jungfrauengeburt, ja oder nein, was sollte mir die Frage „eingeboren“, ja oder nein, was sollte mir der Auslegungsstreit, der zur Kirchenspaltung geführt hat: das i s t oder das bedeutet mein Leib?

In der Folge gelang es mir nicht mehr, ohne Skrupel das Glaubensbekenntnis bei der heiligen Messe mit zu beten. Das Vertrauen auf der „richtigen“ Seite zu sein, schwand immer mehr. Der Zweifel an dem allmächtigen und die Geschicke des Kosmos lenkenden Gottes meiner Kindheit bohrte sich wie ein Wurm in das Gehirn. Das Wort „alleinseligmachend“ konnte ich langsam nicht mehr ertragen: was für ein Hochmut, die Bibel und ihre Erzählungen von einem Stammes- und Hirten-Gott aus einer im Grunde winzigen Gegend der Erde mit dem Anspruch seiner Weltherrschaft zu versehen! Es wurde mir klar, daß alle Religionen, die behaupten aus göttlichen Quellen zu schöpfen, schlichtes Menschen-Konstrukt verkünden, verständlich nur aus der jeweiligen gesellschaftlichen Situation und aus ihrer jeweiligen Zeit. Ist es etwa plausibel, mehrere miteinander in Konkurrenz stehende

Schöpfer anzunehmen? Es ist doch nur vorstellbar, daß, wenn überhaupt, nur e i n Gott existiert, daß dieser für alle Geschöpfe, also auch für alle Menschen da ist. Was zur unmittelbaren Folge hat, daß alle Menschen Brüder (und Schwestern) sind. Wie konnte von meiner Kirche einfach übersehen werden, daß es neben den drei monotheistischen Religionen noch weitere, der Zahl ihrer Anhänger nach sogar viel größere religiöse Gemeinschaften gibt? Oder war es nur ein verhängnisvoller Zufall, daß man uns diese schwerwiegende Tatsache im Religionsunterricht verschwiegen hat? Fragen über Fragen, auf die es keine Antworten gab. Die Überzeugung setzte sich bei mir mehr und mehr durch, daß es auch im von den Kirchen bereitgestellten Wissen zum jeweiligen Gottesbild hintergründig um das geht, was alles menschliche Zusammenleben so handgreiflich prägt: die Gier nach Macht-Ausübung und -Erhaltung.

In dieser Zeit der zunehmenden Entfremdung von meiner Kirche gab es aber auch Regressionen. Zu erwähnen ist da vor allem eine sehr fruchtbare Phase, die wir „im Dunstkreis“ der *Integrierten Gemeinde* in München verbrachten; deren Versuch die Botschaft Jesu an der Wurzel aufzunehmen und neue Formen des Gemeindelebens in häuslichen Gemeinschaften und auf der Basis von Gemeineigentum zu versuchen, hat uns so stark fasziniert, daß meine Frau und ich daran dachten, diesem religiösen Neuaufbruch zu folgen. Vieles gefiel uns sehr, manches weniger; bei näherem Zusehen stellte sich heraus, daß es, wen wundert`s, auch dort „menschelte“, konkret: die Liebesbotschaft Jesu von allerlei Streit überdeckt wurde. Auch war abzusehen, daß es mit unseren pubertierenden Kindern, die nicht mehr einfach in eine neue Umgebung verpflanzt werden konnten, erhebliche Probleme geben würde. Wir haben, aus heutiger Sicht gerade noch zur rechten Zeit, unsere Fühler zurückgezogen, was dann allerdings auch mit einer weiteren Entfernung vom Schoß der Kirche verbunden war.

In meiner Glaubenskriese, die sich zu einer Existenzkriese fast aller Lebensbereiche ausweitete, ereignete sich dann die Geschichte unserer Pilzvergiftung. Ich habe sie in meinem Buch „Laurentiustränen“ im Kapitel „Tödliches Gift“ bereits ausführlich beschrieben, möchte sie aber hier etwas gekürzt noch einmal schildern, weil sie in meinen Augen zu meinem Thema „Gottesbeziehung“ einen wichtigen Schlüssel liefert.

Kapitel 4: Tödliches Gift

Es ist jetzt kurz nach 22 Uhr. Alles, was man überhaupt noch für mich tun konnte, ist getan. Ich liege jetzt in der Intensivstation der toxikologischen Abteilung im Krankenhaus rechts der Isar und habe Zeit über mich und meine Situation nachzudenken. Und neben mir liegt meine Frau Marianne, die ich ungewollt in den ganzen Schlamassel hineingezogen habe. Für uns Beide gilt, was Prof. Zilker, der als „deutscher Giftpapst" bezeichnet wird, zu uns gesagt hatte, nachdem er uns mit seinen Mannen zehn Stunden durch die Mangel gedreht hatte: erst in etwa zwei bis drei Tagen könne er sagen, ob wir mit dem Leben davon kommen werden…

Dieser Tag, Freitag der 1. September 1989, war, was die äußeren Ereignisse, vor allem aber auch die innere Dramatik angeht, ohne Zweifel der bisher schlimmste meines Lebens. Es war damit losgegangen, daß ich durch laute Hilferufe meiner Frau aus der Badewanne gerissen wurde: sie klagte über heftiges Unwohlsein und Durchfall. Noch während ich den Bademantel anzog, begann bei ihr das Erbrechen, heftig und schier endlos.

Auch ich war schon mit starken Magenkrämpfen aufgewacht, die aber im warmen Badewasser wieder abgeklungen waren. So half ich ihr so gut ich eben konnte. Genau so eruptiv wie das Erbrechen waren die Durchfälle, die jetzt auch bei mir einsetzten. Und wir hatten nur eine Toilette. Das Ganze zog sich etwa über zwei Stunden hin.

Gegen 9.30 Uhr rief ich in meinem Büro an und sagte meiner Sekretärin, daß ich vorläufig nicht kommen könne.

Die Anzeichen waren eigentlich klar: wir hatten am Abend davor Pilze gegessen, und zwar von mir selbst gesammelte. In meiner kleinen Ausbeute befand sich ein Pilz, dem ich etwas mißtraut hatte, weil er seine Kappe noch nicht entfaltet hatte und statt eines Waldchampignons auch ein giftiger Satanspilz gewesen sein konnte; nur der konnte eigentlich an dem Desaster schuld sein.

Unsere Freundin Christa K., Ärztin und Anästhesistin, die wir als erste telefonisch um Rat fragten, empfahl Nux Vomica, also Homöopathie und noch etwas anderes, was unser hilfsbereiter Untermieter aber in der Apotheke nicht gleich bekam. Ich nahm mir inzwischen mein dickes Pilzbuch vor, um den verdächtigen Pilz im nachhinein zu identifizieren; beim Blättern stolperte ich mehr zufällig über die anderen Pilze, die ich ebenfalls gefunden und als Anischampignons mitgenommen hatte, und da fiel es mir buchstäblich wie Schuppen von den Augen:

Knollenblätterpilz, tödliches Gift.

Es waren fünf oder sechs Stück gewesen, mittelgroß, schön und auffallend weiß. Sie waren am Wiesenrand, etwas außerhalb des Waldes gestanden und von mir mit dem Messer abgeschnitten worden, was ich mir erst vor kurzem angewöhnt hatte, um das Pilzmyzel zu schonen. So habe ich auch nicht die verräterische Knolle am Fuß des Pilzes gesehen, die das besondere Erkennungszeichen des Knollenblätterpilzes ist. Und offenbar war mir auf unerklärliche Weise das grundsätzlich vorhandene Wissen abhanden gekommen, daß es neben dem grünen auch noch einen weißen Knollenblätterpilz gibt, der leicht mit dem Anischampignon verwechselt werden kann.

Seit meiner Kindheit sammle ich leidenschaftlich gern Pilze, zu der damaligen Zeit also schon seit rund fünfzig Jahren; ich hätte mich ohne Bedenken zu den erfahrenen Pilzkennern gezählt. Im zweiten Weltkrieg und den Hungerjahren danach war das Pilze-Sammeln ja eine der wenigen Überlebensstrategien gewesen, die uns die Natur anbot. Und da wir in Steinebach von unserem Wochenend- und Ferienhaus aus nur wenige Minuten bis zum Wald zu gehen hatten, kannten wir die Stellen recht gut, wo wir fündig werden konnten. Allerdings war mir bis dahin noch kein leibhaftiger Knollenblätterpilz unter die Augen gekommen. Bis dahin! Trotzdem wird vermutlich jeder Pilzkenner sagen, daß es schlicht unverzeihlich ist, diesen tödlichen Giftpilz nicht zu erkennen; ich übrigens eingeschlossen! Daß es mir trotzdem geschah, kann ich nur damit halbwegs erklären, daß er absolut in keiner Weise verdächtig aussah, weder in der Farbe noch im Geruch; das einzige, das mich hätte stutzig werden lassen müssen, war sein ungewöhnlich makelloser Zustand: ohne Tierverbiß, Schneckenfraß oder Verwurmung. Man könnte angesichts dieser Tatsache Anhänger der These werden, daß es ganz besonders verdächtig ist, wenn sich jemand oder etwas allzu große Mühe gibt, unverdächtig zu erscheinen.

Es gibt aber auch noch eine andere These: daß mir „die Augen gehalten" waren, wie das in der Bibel des öfteren genannt wird, daß ich also den Giftpilz nicht erkennen sollte! Die Knollenblätterpilze wären demnach für mich bzw. uns als Schicksal gesetzt gewesen, ihr scheinbar unschuldiges Am-Wege-Stehen hätte einen Sinn gehabt: nach dem Motto *alles hat seinen Sinn, Zufälle gibt es nicht.* „Alles Quatsch!" hätte ich normalerweise dazu gesagt, aber auf der Intensivstation, wo ich ständig auf das unvermeidliche Erbrechen der mir gewaltsam eingeführten explosiven Mischung aus Glaubersalz und Kohle wartete, drehte sich das Gedankenkarussell immer schneller und wahnwitziger, so daß ich gar nichts mehr ausschließen wollte. In dem Augenblick erschien mir alles möglich. Irgendwie hatte ich eine Ahnung, daß es da doch noch eine Aufklärung geben sollte. Denn ich habe in meinem Leben immer wieder erfahren, daß es neben der von den Sinnen übermittelten noch eine andere Wirklichkeit gibt, auf die zu stoßen gar nicht so unwahrscheinlich ist, wie es unser andressiertes lineares Denken uns immer einreden will.

Wenn man die Absicht hat, ein Erlebnis, noch dazu ein so einschneidendes wie es dieses *„Russische Roulette mit offenem Ausgang"* ja darstellte, in seiner Tiefe zu ergründen, sollte man es nicht nur als eines von vielen Puzzleteilen sehen, sondern als Teil eines größeren Ganzen zu betrachten versuchen. Deshalb ist es unvermeidlich, etwas weiter auszuholen.

Etwa eine Woche vor dem verhängnisvollen Pilzessen hatte mich eine leichte Sommergrippe befallen: ich lag mit leichtem Fieber und weniger leichten Kopfschmerzen einige Tage im Bett. Da sich der Griff zum Buch deshalb von selbst verbat, hörte ich eine Cassette mit einem Vortrag, den mir eine Cousine vor einiger Zeit geschickt hatte mit der Bemerkung, daß sie mein Leben verändern werde. Dazu sah ich eigentlich keinen Anlaß, denn oberflächlich schien mir mein Leben ganz in Ordnung zu sein. Ich legte die Cassette erst einmal beiseite und vergaß sie. Jetzt hatte ich also Zeit, und da wollte ich halt einmal rein hören, um wenigstens sagen zu können, ich hätte mich damit beschäftigt. Es handelte sich um einen Vortrag eines gewissen E. Flöther zum Thema *„Autorität und Freiheit"*. Wochen später, als ich nach meiner Genesung meiner Cousine von dem Vorgefallenen berichtete, schrieb ich, daß mir der Vortrag des Herrn Flöther, in dem er von seiner Anrufung durch Jesus Christus erzählte, etwas akademisch und blutleer vorgekommen sei, aber sein letzter Satz bei mir hängen geblieben sei: *Christus will uns ein neues Leben schenken*. Da hing er nun, etwas salopp gesagt, in der Luft, dieser Satz, zunächst sehr blaß und im Grunde wertlos. Allenfalls stellte sich eine gewisse Ratlosigkeit bei mir ein bei der Vorstellung, wie das wohl sei, wenn Gott zu einem spricht.

Dann kam wieder einmal mein Bibliotheksengel ins Spiel und ich stolperte über ein Büchlein in meiner Bibliothek, das ich vor vielen Jahren einmal gelesen hatte und an das ich zwar keine konkrete, aber doch eine gefühlsmäßig gute Erinnerung hatte: *Negri, ein kleiner Gott, von Robert Crotett*. Als ich es nun wieder las, kam mir mit bestürzender Klarheit zum Bewußtsein, wie sehr der Wurzelbereich meiner Existenz langsam vertrocknet war, wie mein Leben nur noch routiniert in festen Bahnen verlief, dafür aber mir die Verbindung zu Gott, die für mich als Kind so eine große Rolle gespielt hatte, weitgehend und fast unbemerkt abhanden gekommen war. Und es wurde mir klar, daß meiner früheren Sicherheit und Gelassenheit weitgehend der Boden unter den Füßen entzogen und oft Gereiztheit und Aggression an ihre Stelle getreten waren. Diese Erkenntnis warf mich und mein Selbstbewußtsein erst einmal ganz gehörig aus der Bahn.

Mitten in dieser überfallartig entstandenen Leere und inneren Zerrissenheit ereignete sich dann die Pilzgeschichte.

In den vier Tagen, die Marianne und ich auf der Intensivstation lagen, vor allem in den ersten beiden kritischen, wo es für mich noch ziemlich trostlos aussah und man schon von einer notwendig werdenden Lebertransplantation als letzter Chance sprach, entstand ein Gedicht, das meinen damaligen Gefühlen, wie ich meine, ganz guten Ausdruck verleiht, und das ich dann später aufgeschrieben habe:

Versuch einer Ortsbestimmung

Zweifellos, die Gipfel liegen hinter mir,
talwärts führt ab jetzt der Weg.
Längst schon stand die Sonne im Zenit,
deutlich länger werden jetzt die Schatten.

Außer Atem schau ich um mich:
wer gibt mir die neue Richtung?
Ist der vielfach abgelenkten
Kompaßnadel noch zu trauen?

Das Gespür für inn`re Lenkung
Fiel der Unrast längst zum Opfer.

In der scheinbar sich`ren Festung
Werden immer größ`re Breschen sichtbar.

Träume lassen leicht sich dechiffrieren:
Katapult mit aufschlaglosem freien Fall;
Flugzeugabsturz, immer näher,
Splittereinschlag, keine Deckung.

Gegenwart bleibt blaß und ungelebt,
ist vom Nachher in die Pflicht genommen.
Hektik lenkt die nächsten Schritte.
Inn`re Leere wird nur schlecht kaschiert.

Schürfversuche nach dem Ich-Gefühl.
Stimulans und Droge: Schmerz.
Selbstbetrug für Augenblicke.
Rückzug Richtung Schneckenhaus.

Wie soll ich die Richtung finden?

***

Mit meiner Ankunft in der Klinik war etwas ganz Unerwartetes geschehen: es kam eine unerschütterliche Sicherheit über mich, daß ich nichts zu befürchten hätte, daß alles gut ausgehen werde – trotz meiner dramatisch ansteigenden Werte. Ich spürte fast körperlich eine schützende Hand über mir. Bei Marianne hatten die Leberwerte erst gar nicht den lebensbedrohlichen Bereich erreicht, die Entwarnung kam bei ihr schon am Abend des zweiten Tages. Bei mir sah es dagegen weiter sehr kritisch aus, was ich vor allem an dem bedenklichen Gesicht von Prof. Zilker und an seiner Einsilbigkeit ablesen konnte.

In der Intensivstation, auch Wachstation genannt, war ich, wie ich meine, Tag und Nacht hellwach. Mit mir und meiner Frau waren wohl zehn Patienten in dem mit tickenden, summenden und blinkenden elektronischen Geräten voll gestellten Raum. Bald kannte ich meine Leidensgenossen alle, zumindest den Namen und den Grund ihrer Einlieferung. Da war Armin, ein junger Bäcker mit Tablettenvergiftung; Klaus mit Heroinvergiftung; Betty, eine 77jährige, mit Tablettenvergiftung; Brian, ein amerikanischer Soldat mit einem Schlangenbiß; Dagmar, ein junges Mädchen, ebenfalls Tablettenvergiftung. Mein Herz füllte sich mit Mitleid mit all diesen Menschen, die als „unvollendete Selbstmörder“ jetzt nur noch ein klägliches Häufchen Elend abgaben. Was würde ihr Schicksal sein? Auch die Namen der Schwestern und Pfleger habe ich in den Tagen danach notiert; ich wollte unbedingt ein Gedächtnisprotokoll aufzeichnen, wohl in der Absicht, die schier unglaubliche Geschichte literarisch zu verarbeiten, obwohl ich bis dahin noch keine einzige Zeile eines Buches geschrieben hatte.

Vor allem des Nachts tauchten in meinen Gedanken die Toten auf, die Eltern zuerst, dann die verstorbenen Kollegen und Mitarbeiter, unter ihnen auch freiwillig aus dem Leben geschiedene Desperados, von denen es in der boomenden Computerbranche so einige gegeben hatte.

Übrigens hatten wir Beide nicht zu leiden, wenn ich von den anfänglichen Torturen des Entleerens und Entgiftens absehe, bei denen wir gute zehn Stunden buchstäblich auf den Kopf gestellt worden waren. Allein das Magenauspumpen kann eigentlich nur als ein höherer Foltergrad bezeichnet werden, die anschließende Blutwäsche und das Legen verschiedenen Sonden war dann vergleichsweise harmlos; am schlimmsten aber waren die Darmkoliken und Durchfälle. Doch das Gehirn funktionierte so klar wie selten.

So erlebte ich noch einmal minutiös die Szenen unserer anfänglichen Verzweiflung nach der sozusagen aus heiterem Himmel kommenden Erkenntnis, plötzlich auf der Seite eins der Todeskandidatenliste zu stehen. Mein Segelfreund Peter F., der auch mein Internist war, hatte nach meinem telefonischen Notruf unser Rettungsmanöver eingeleitet. So war bei unserer Ankunft im Krankenhaus schon alles vorbereitet. Freund Wilhelm M., mit dem wir eigentlich am Wochenende zu einem Segeltörn rund um Sizilien aufbrechen wollten, hatte ich gebeten, uns so schnell wie möglich mit meinem Wagen in die Klinik nach München zu bringen; allerdings war mir sein „so schnell wie möglich" nicht schnell genug, so daß ich mich voller Ungeduld und trotz heftiger Schweißausbrüche selber ans Steuer setzte. Gelbe Ampeln habe ich einfach negiert, rote allerdings doch wohl nicht, obwohl mir danach gewesen ist. Es ging ja für uns Beide praktisch um Minuten, denn die Pilze, das wußten wir inzwischen, sind wirklich tödlich, wenn man nicht innerhalb von zwanzig Stunden ein entsprechend ausgestattetes Krankenhaus erreicht – gut achtzehn Stunden waren da schon vorbei. Aber die hasardeske Fahrt ging glücklicherweise gut und ich konnte die Verantwortung für unser Leben in die Hände von Prof. Zilker legen. Meine Panik hatte damit ein Ende.

Drei Tage später kam Prof. Zilker „mit Schwanz": große Visite. Und er brachte die erlösende Nachricht, daß nun auch ich nicht mehr in Lebensgefahr sei und das Behandlungsprogramm abgebrochen werden könne. Zwei Stunden später wurden wir auf Normalstation verlegt, allerdings getrennt voneinander.

Irgendwie überkam uns schon so etwas wie die Osternachtstimmung, nach der Freude des „er ist wahrhaft auferstanden", wenngleich wir ja nicht so ganz in Todesnähe gewesen waren oder richtiger: uns nicht so gefühlt hatten. Immerhin hatte ich jetzt das ziemlich unangebrachte Gefühl, etwas Besonderes geleistet zu haben, vielleicht gar ein Held zu sein. Dabei hatten wir einfach Glück gehabt, innerhalb der Karenzzeit an die beste Adresse gelangt zu sein, die in solchen Fällen noch Hilfe bringen kann.

Damit könnte nun auch meine Geschichte zu Ende sein, doch eigentlich fängt sie hier erst an, zumindest ihr zweiter Teil: Die Aufarbeitung des Geschehens, die Frage nach dem *Warum.*

Nach einer Woche waren wir von der Klinik rechts der Isar in das Harlachinger Krankenhaus für Naturheilkunde verlegt worden, um uns dort wieder auf die Beine zu bringen, auf denen wir uns zur Zeit noch kaum halten konnten. Das Leben hatte uns also wieder, wenn auch in sehr angeschlagenem Zustand.

Die Erholung begann mit viel Schlaf, vegetarischem Essen, kleinen Spaziergängen und vielem Lesen. Und mit viel Grübeln.

Warum war ich überhaupt als Rekonvaleszent nach meiner Grippe in den Wald gegangen? Einen Erholungsspaziergang solle ich machen, hatte mir meine Ärztin geraten, doch so etwas hatte ich nie gelernt, bei mir gab es derartiges nur in Verbindung mit etwas Nützlichem wie etwa das Sammeln von Pilzen; an ihnen kann ich nun einmal nicht vorbeigehen, wenn der typische Geruch im Wald von ihrem Vorhandensein kündet. Allerdings hatte sich meine Sammelleidenschaft in den Jahren erheblich verändert. Hatte man in den Kriegs- und Nachkriegsjahren so ziemlich alles mitgenommen, was an Eßbarem zu finden war, standen jetzt eigentlich nur noch die Edelpilze im Fokus des Suchens: Steinpilze, Pfifferlinge, vielleicht noch Maronen und Birkenpilze. Champignons verschmähte ich in der Regel, weil ich ihre schleimige, weiche Konsistenz nicht mag. Warum hatte ich diese vermeintlichen Anischampignons doch mitgenommen, obwohl sie gar nicht nach Anis dufteten? Warum waren die verdächtigen Anzeichen der Giftigkeit nicht in mein Bewußtsein gedrungen? Eigentlich war meine Devise doch immer gewesen: im Zweifel nie!? Aber da war auch der Hochmut, der ja bekanntlich vor dem Fall kommt, im Spiel, der Hochmut des „so etwas kann mir doch nicht passieren!“ So eine Art Glaube an die eigene Unfehlbarkeit, der sich im Laufe des Lebens einstellt, wenn immer alles gut geht. Bedarf es nicht in solchen Situationen des berühmten „Schusses vor den Bug“, der einen zum Nachdenken und vielleicht auch zum Umdenken zwingt?

Es ging aber nicht nur um ein Umdenken, es ging vor allem um ein „Darüber-hinaus-Denken“, wobei ich mir durchaus bewußt bin, daß „denken“ da nicht so ganz das richtige Wort ist, da es sich eher um einen Erfahrungstatbestand handelt, den man auch dem Mystischen zurechnen kann. Mancher wird vielleicht aber auch meinen Bericht schlicht als Folge des Drogenkonsums abtun, der unsere Pilzmahlzeit ja zweifellos auch gewesen ist. Jedenfalls stellte sich in den Nächten in der Wachstation ein überwacher, ich möchte sagen: hellsichtiger Zustand ein, der mir, der ich bisher keine Erfahrung mit Drogen gemacht hatte, völlig neu und überraschend war: ich stand mit einem Mal in Verbindung mit mir unbekannten Menschen, erst mit den Leidensgenossen im Raum, dann aber auch mit absolut fremden Menschen wie etwa dem Fahrer des Milchtransporters, der am frühen Morgen nur am Klappern der geladenen Milchkannen zu identifizieren war und der plötzlich als mein Bruder in mein Leben trat, richtiger, in dessen Leben ich hineindrängte, ohne daß er davon irgend etwas geahnt haben dürfte. Es war ein überwältigendes Gefühl: wir sind alle Teil eines größeren Ganzen, sozusagen eine Zelle eines Riesenkörpers, der aus einzelnen Individuen besteht, aber sich in völliger Harmonie im Gleichklang befindet, wie in gegenseitiger Resonanz schwingend.

Einige Jahre später habe ich für diese nur phantastisch zu nennende mystische Erfahrung ein kongruentes Bild geliefert bekommen, das ich ausführlicher in meinem Buch „Den Wind in der Hand“ beschrieben habe. Es war bei einem Tauchgang anläßlich eines Segeltörns in der Karibik. Da begegnete mir ein riesiges Gebilde, das sich aus tausenden kleinen Fischen zusammensetzte und nach meiner Schätzung die Größe eines oder auch mehrerer Elefanten erreichte. Die etwa zehn bis fünfzehn Zentimeter großen bzw. kleinen Fische bewegten sich wie von einem Dompteur gelenkt in diese und jene Richtung, aber eben alle in der gleichen Richtung und Geschwindigkeit, waren sozusagen miteinander auf Tuchfühlung, ohne sich dabei aber zu berühren, jedes Fischchen wie eine kleine Zelle eines neuen Körpers agierend. Ob es uns Menschen auch einmal in ferner Zukunft möglich sein wird, mit unseren Artgenossen in solcher Harmonie zu koexistieren? Immerhin haben wir Menschen die Bühne unseres Planeten ja viele Millionen Jahre später betreten als die Fische und stecken diesen gegenüber noch in den Kinderschuhen unserer Entwicklung, allerdings mit dem wunderbaren Tatbestand, daß jeder von uns in seiner frühen Entwicklung im Mutterschoß auch schon das Fischstadium durchlaufen hat. Eine für mich harmoniesüchtigen Menschen jedenfalls faszinierende Vorstellung!

Doch da hing ja auch noch der Satz des Herrn Flöther in der Luft: *Christus will Euch ein neues Leben geben,* mit dem ich erst so gar nichts anzufangen gewußt hatte. Was bitte war damit gemeint, was sollte neu werden? Nun behaupten ja die Esoteriker, aber auch viele Ärzte, daß jede Krankheit damit zu tun hat, etwas Unheiles heil zu machen, also anders ausgedrückt: im Leben etwas zu verändern, damit es wieder heil werde. Traf das nicht auch für mich zu?

Ich möchte nun meinen Lesern nicht zumuten, den Prozeß meiner geistigen oder gar seelischen Heilung zu verfolgen, aber doch so viel sagen, daß ich das Krankenhaus als ein anderer verlassen habe als der, der ich vorher gewesen bin. Wesentlich dazu beigetragen hat dazu ein letztes kleines Schlüsselerlebnis, das meine Mutter sicher als einen „Wink mit dem Zaunpfahl" bezeichnet hätte. Wenn ich in meinen Gedankengebäuden nicht mehr so recht ein noch aus weiß, suche ich schon mal nach einem *„Deus ex machina",* also einer von außen (oder oben) kommenden Verständnishilfe. Als ich also ziemlich ratlos vor der Frage stand, was nun in Richtung Änderung des bisherigen Weges zu entscheiden sei, wie dieses NEUE LEBEN aussehen könnte, schlug ich aufs geradewohl die Bibel auf, ohne allerdings selbst so ganz ernsthaft zu hoffen, eine konkrete, handhabbare Antwort zu erhalten. Doch viel konkreter und eindeutiger hätte die dann gefundene gar nicht ausfallen können; ich stieß sofort und unmittelbar auf den Vers 12 im 15. Kapitel des Johannes-Evangeliums:

Ich gebe Euch nur ein Gebot: liebet einander wie ich Euch geliebt habe!

Wow, was für eine Botschaft! Noch dazu für einen Harmoniesüchtigen…

Kapitel 5: Die sieben mageren Jahre

Mit der Schilderung unserer Pilzvergiftung habe ich ein wichtiges Ereignis in unserem Leben vorweggenommen, weil ich sie in unmittelbarem Zusammenhang mit meiner Glaubenskrise sehe. Deshalb ist ein anderer wichtiger Teil zu kurz gekommen, den ich letztlich als das eigentliche Mysterium unserer gemeinsamen Lebens-Geschichte ansehe.

Vor einem Jahr durfte ich meinen achtzigsten Geburtstag feiern. Unsere Kinder haben dazu aus dem riesigen Bestand an Foto- und Filmdokumenten einen knapp halbstündigen Diavortrag, untermalt mit der passenden Musik, zusammengestellt. Mein Leben im Zeitraffer. Ich vermute, daß meine Ergriffenheit dadurch eine ganz normale Reaktion war, wie sie wohl Jeder erlebt, der sich in so kurzer Zeit mit den Höhepunkten seines Lebens konfrontiert sieht: ich war geplättet, um es in einer saloppen Formulierung wieder zu geben! Doch das waren nur die harten Fakten, die innere Dramatik des Geschehens hat sich naturgemäß in dieser extremen Zeitraffer-Wiedergabe nicht darstellen, geschweige denn entschlüsseln lassen. Wenn ich das nun nachzuholen versuche, ist mir bewußt, daß ich damit in die Nähe einer Grenzüberschreitung komme, die sich wie der Blick hinter die Kulissen ausnimmt, vielleicht gar blasphemisch genannt werden kann. Wem ist es schon erlaubt, den Sinn seines Lebens ergründen zu wollen? Doch etwas – in meinem Büchlein „Freude. Die Botschaft des kleinen Königs“ habe ich es meine Muse genannt, doch scheint mir dieser eher spielerische Begriff jetzt etwas zu vordergründig zu sein – drängt mich, den Versuch doch zu wagen. Denn hintergründig geht es wieder einmal darum: was kann ich an Lebenserfahrungen hinterlassen, was kann ich weitergeben?

Wie gesagt: erst zu den Fakten.

Unser reichster Schatz, das sahen meine Frau Marianne und ich schon von Anfang an so, war und ist unsere Liebe, die wir als Geschenk Gottes betrachteten, hegten und pflegten, erst über die sieben Jahre unseres Auf-Einander-Wartens, dann in den Jahren des Verheiratet-Seins, inzwischen sind es 56 Jahre. Literarische Früchte dieser Liebe sind ein umfangreicher Schriftwechsel sowie eine aus fünf handgeschriebenen Tagebüchern bestehende Dokumentation aus den ersten sieben Jahren. Sie ruhen sozusagen in unseren Herzen und wir wollen sie nicht veröffentlicht wissen, zumindest so lange wir leben. Dann mögen unsere Kinder entscheiden, was damit geschehen soll.

Zu unserer Geschichte gehört untrennbar die Geschichte von der Krankheit Mariannes, die sie nach sieben Jahren unserer Ehe bis an den Rand des Todes brachte. Noch während unser viertes Kind unterwegs war, wuchs gleichzeitig ein Gehirntumor, ein sogenannter Brückenwinkel -Tumor in ihrem Kopf (Kleinhirn). Die Ärzte rieten, das Geschwür herauszuschneiden, meinten aber auch, daß meine schon sehr geschwächte Frau keine zwei Operationen hinter einander überstehen würde und so wartete sie und wir, daß unser letztes Kind „spontan" das Licht der Welt erblickte. Das geschah Mitte Januar 1967; vierzehn Tage später erfolgte dann die Kopfoperation in der Universitätsklinik in München, damals noch am Beethovenplatz beheimatet. Prof. Marguth entfernte ein mandarinengroßes Geschwür im Kleinhirn, einhergehend mit Herzstillstand und glücklicher Reanimation sowie in der Folge mit Fazialis-Parese und dauerhaften ataktischen Störungen der linken Extremitäten. Es grenzte zur damaligen Zeit aber überhaupt an ein Wunder, daß meine Frau die mehr als vierstündige Operation überhaupt überlebt hat. Erst ein halbes Jahr später konnte sie aus der Klinik entlassen werden; die Gott-sei-Dank gesund geborene Tochter Claudia wurde derweil von unserer guten Freundin Ute G. als Pflegekind aufgenommen und sieben Monate lang aufgezogen.

Meine Frau mußte sich noch mehreren Operationen unterziehen, die sie in erster Linie wieder geh fähig machen, aber auch die halbseitige Gesichtslähmung kosmetisch korrigieren sollten. Trotz Faszien- und Gewebeübertragung gelang dies nur halbwegs; immerhin konnte sie etwa ein Jahr später mit Stockhilfe wieder selbständig laufen. Ihr Zustand verschlechterte sich allerdings wieder in den letzten Jahren, auch infolge eines Oberschenkelhalsbruches im Jahr 2002. Das alles hat sie tapfer und mit großer Geduld ertragen und ihren Lebenswillen und ihren Humor nie verloren. Wir haben uns das Leben auch nicht verdrießen lassen und weiter ein offenes Haus geführt, was uns unsere Freunde damit vergolten haben, daß sie meiner Frau trotz ihrer Handycaps genauso zugetan waren wie zuvor. Auch unser Segel-Hobby konnten wir wieder aufnehmen, in dem wir unser Paradies Steinebach verkauft und gegen einen ordentlichen „Dampfer" eingetauscht haben, mit dem wir in den Folgejahren den größten Teil des Mittelmeeres bereisten.

Soweit in aller Kürze die Krankengeschichte von Marianne. Sie ist zwar spektakulär, aber sie wäre kaum berichtenswert, wenn es zu ihr nicht noch einen Hintergrund gäbe.

Ich bin im Besitz zweier Dokumente aus unserem Liebesbriefwechsel, in denen es um das Thema Krankheit, Behinderung und „Opfer" geht. Darin schreibt meine Frau am Himmelfahrtstag 1957, ich zitiere sie wörtlich:

*Das Buch „Stürmischer Frühling" (*Frank Thiess) hab ich übrigens ausgelesen und fand es recht interessant und spannend, und vor allen Dingen auch in den Darstellungen der verschiedenen Menschentypen ausgezeichnet. Weißt Du auch, daß das, was ich so oft denke und ja auch schon ausgesprochen hab, in diesem Buch durch Mara ausgesprochen wird? Nämlich: „Jede Frau, die liebt und geliebt wird, muß ein großes Opfer an das Leben oder an die Götter bringen. Sie werden das noch erleben, daß es ohne Opfer keine Liebe gibt." Es ist im Grunde das, was ich fühle. Unsere*

Liebe ist etwas so Ungeheures, etwas so unfaßlich Schönes und Beglückendes, daß ich glaube , es durch irgend etwas Schweres, ja durch ein großes Opfer einmal verdient machen zu müssen. Allein aus Gründen der Gerechtigkeit anderen unglücklichen Menschen gegenüber.

Verstehst Du mich? Aber ja, Du verstehst mich. Ich habe nicht etwa Angst davor, nein, ganz bestimmt nicht. Ich wünsche mir nur, daß wir dieses Schwere, wenn es so sein soll, einmal gemeinsam tragen dürfen.

Verzeih, Liebster, daß ich Dir so dunkle Gedanken schreibe, jetzt, da alles wunderbar hell und schön ist. Aber es ist wohl gerade, weil es so unfaßlich schön ist, daß ich dann schon mal meine, so kann es ja gar nicht weitergehen. Du hast recht, unser Glück liegt in uns allein, unabhängig von allem anderen, und darum wird es immer noch schöner!!! Deine glückliche Marianne.

Und ich sagte zu meiner Marianne einmal: *„Dich zu lieben ist ja keine Kunst. Ja, wenn Du blind oder sonstwie behindert wärest, erst dann könnte ich Dir beweisen, wie sehr ich Dich liebe.“*

Ich überlasse es Dir, lieber Leser, das, was ich unser Mysterium nenne, im Herzen zu bewegen, oder es auch einfach als verstiegen von Dir zu schieben.

Zu diesem Mysterium gehört aber auch noch das, was man gern die Kehrseite der Medaille nennt, nämlich die Auswirkungen der Krankheit meiner Frau auf unsere Familie.

Wie schon mehrfach anklang, haben wir vier Kinder, wie wir es uns auch so gewünscht haben. Alle sind zum Glück gesund, und das nicht nur im ärztlichen Sinn, sondern auch in seelischer Hinsicht, haben ein fröhliches, der Welt zugewandtes Temperament und ein liebevolles, offenes Herz. Das wird auch in ihren Berufen sichtbar: die drei Mädchen haben alle einen therapeutischen Beruf gewählt, in dem sie sehr erfolgreich und mit viel Hingabe tätig sind. Und der Sohn? Nun ja, der hat das Hobby seines Vaters zum

Beruf gemacht und ist Bootsbaumeister und Werftchef, hat also, wenn man so will, auch einen pflegerischen Beruf.

Warum sage ich das? Ich bin mir ziemlich sicher, daß es in hohem Maß der Krankheit meiner Frau zuzuschreiben ist, daß unsere Familie miteinander ein so herzliches, von keiner Zwietracht überschattetes Verhältnis pflegt und das „Liebet einander" auch gegenüber ihrer Umwelt praktiziert, ohne davon großes Aufhebens zu machen.

Lieber Leser, ich könnte mir vorstellen, daß Du jetzt drauf und dran bist, das Fenster aufzureißen und den Spruch auf den Lippen hast: *Selbstlob stinkt.* Ich selbst fühle mich auch gar nicht wohl, wenn ich das Geschriebene überlese. Als Entschuldigung kann ich nur vorbringen, daß ich meine Botschaft von den Freuden eines harmonischen Lebens einfach nicht rüber bringen kann, ohne ein Beispiel von Harmonie anzuführen, das funktioniert und, wie ich glaube, auch jeder Nachprüfung standhält. Dabei fallen allerdings die „sieben fetten Jahre", wie ich sie in meinem Buch „Glück und Glas" genannt und beschrieben habe besonders ins Gewicht. Es waren die sieben Jahre von unserer Hochzeit an bis zur Erkrankung meiner Frau im Herbst 1966. Ich bitte um Verständnis, wenn ich darüber nicht noch einmal berichte; sie sind auch im Hinblick auf das Thema „Wandel meines Gottesbildes" nicht sehr ergiebig, denn die Zweifel und Einbrüche kamen erst in den Jahren danach.

Kapitel 6: Vom Sinn

Vielleicht erwartest Du, lieber Leser, unter dieser Überschrift jetzt eine hochgeistige philosophische Erörterung mit vielen Zitaten von Kant, Schopenhauer, Hegel und wie sie alle heißen. Du kannst beruhigt sein, ich habe mich auch nicht wirklich tiefgehend mit ihnen und ihren jeweiligen Lehren auseinandergesetzt. Das Thema „Sinn“ ist mir vielmehr hinterrücks und gänzlich unerwartet sozusagen untergejubelt worden, und ein paar dieser Geschichten kannst Du in meinem Buch „Laurentiustränen“ nachlesen.

Es begann alles ganz harmlos, indem mir in einem Cafe in Bad Wiessee ein Mann mit einem offensichtlichen Dachschaden begegnete, der über vielleicht eine halbe Stunde den sinnlosen Satz vor sich hin deklamierte: „Schöne, gute Garagale“. Die Begegnung war so skurril und irrwitzig, daß sie mir den Anstoß gegeben hat, sie literarisch zu verarbeiten, womit meine schriftstellerische Arbeit vor etwa fünfzehn Jahren ihren Anfang nahm. Ich kann und will die Geschichte hier nicht nacherzählen, sondern will nur sagen, daß die geistige Welt sich manchmal seltsamer Methoden bedient, um einen (wie mich) in eine bestimmte Ecke zu bugsieren, ihn zu einer bestimmtem Handlung zu locken.

Solche Geschichten passierten mir öfter und ich kam zu dem Schluß, daß dahinter ein Auftrag eines Unbekannten steckte, mir Gedanken über die erlebte Szene zu machen und das Ergebnis daraus schriftlich festzuhalten, um es an Andere weitergeben zu können. Ja, ich schmeichelte mir damit, daß mir ein gewisses Talent zum Schreiben in die Wiege gelegt worden sei, mit dem ich nun „zu wuchern“ hatte. Anders konnte ich mir die seltsamen Geschichten, die mir da so vorgesetzt wurden, gar nicht erklären. Natürlich habe ich mich bemüht, meine Destillate süffig zu kredenzen, aber ich habe mich immer an das Erlebte gehalten und nur versucht, es zu deuten, nicht aber in Phantastereien abzugleiten.

Das was diesen Geschichten mehr oder weniger gemeinsam ist, waren die Schlüsse, die ich daraus gezogen habe und die immer mit dem Thema „Sinnsuche“ zu tun hatten. Wenn Du, lieber Leser am Ende meines Büchleins im Kapitel „Quintessenz“ auf die Speisekarte der Lieblingsgerichte Deines Autors stößt, so wirst Du Einiges finden, was sich da an Sinngebendem angesammelt hat.

Von ganz anderem Gewicht ist demgegenüber meine Entdeckung zum Thema Sinnsuche, die in der Psychologie mit der sog. dritten Wiener Schule und dem Namen Viktor E. Frankl verbunden ist. Ich habe nach meiner Pensionierung allen Ernstes mit dem Gedanken gespielt, mich in Logotherapie – so heißt dieser Zweig der Psychologie – ausbilden zu lassen, um, meinen Töchtern folgend, auch selbst noch therapeutisch tätig zu werden. Nun, daraus ist dann doch nichts geworden, aber nachdem ich nun einmal „gegackert“ habe, bin ich Dir mindestens eine kurze Beschreibung schuldig, was es mit der Logotherapie auf sich hat.

Frankl, selbst Arzt und Psychiater, war stark geprägt von seinem Aufenthalt im KZ, wo die Frage nach dem Sinn und nach einer möglichen Antwort mit brutaler Wucht an ihn herantrat. Das Streben nach Sinn, nach Sinnerfüllung ist seiner Meinung nach die primäre Motivationskraft des Menschen. Und zwar geht es bei ihm zuvorderst um den Willen nach Sinn, während es bei Freud um den Willen nach Lust und bei Adler, dem dritten Vertreter der Wiener Schulen der Psychotherapie, um den Willen zur Macht geht, wie er dies selbst so formuliert hat. Ich habe mit Begeisterung seine These begrüßt, daß es im Leben nicht darum gehe, das Warum einer Sache zu ergründen, sondern ausschließlich um die Antwort, die der Mensch auf eine Herausforderung gibt, wie er sich also mit ihr auseinandersetzt und wie er sich zu ihr verhält. Das Leben selbst ist es, das dem Menschen Fragen stellt; dessen Aufgabe ist es, dem Leben zu antworten, das (sein) Leben zu verantworten. Letztlich ist es der Mensch, der durch seine bewußte Entscheidung, wie er auf eine Herausforderung durch das Leben reagiert, den Sinn setzt. Damit hat er dem in meinen Augen weitgehend sinnlosen Suchen nach dem Sündenbock und dem Abladen der Schuld auf diesen, sozusagen den Boden unter den Füßen entzogen und ganz nebenbei mein gestörtes Verhältnis zur Psychologie aus den Tagen des Studienanfangs wieder versöhnt.

Falls Du Dich, lieber Leser, mit diesem komplexen Thema etwas eingehender beschäftigen willst, empfehle ich Dir die Bücher von Frau Dr. Elisabeth Lukas, die als wichtigste Schülerin von Frankl in Fürstenfeldbruck ein Institut für Logotherapie gegründet hat.

Kapitel 7: Noch einmal 1 K 13: Glaube, Hoffnung und Liebe

Von Viktor E. Frankl zu der paulinischen Werte-Definition ist es nur ein kleiner Schritt; das verbindende Element und Stichwort heißt Vertrauen. Ich habe nach langem Nachdenken beschlossen, meine Glaubenskrise dadurch zu beenden, daß ich das Wort Glaube gestrichen und durch das Wort Vertrauen ersetzt habe. Das Glaubensbekenntnis hat sich dadurch ganz entscheidend verkürzt, (fast möchte ich sagen „entschlackt"), das am Rande Liegende ist damit wieder an den Ort gerückt, wo es auch hingehört, eben an den Rand. Dadurch habe ich Freiheit gewonnen zu sagen, die Jungfrauengeburt und die Frage nach den Brüdern und Schwestern Jesu und ähnliche mehr interessieren mich nicht, das konkrete Wissen oder auch nur das konkrete Glauben ist für mich nicht mehr von Bedeutung. Ich vertraue schlicht darauf, daß es in Ordnung ist wie es ist. Und ich fühle mich angesichts der unermeßlichen Größe des Schöpfers zu diesem Trick, wie man es vielleicht auch nennen mag, berechtigt. Um so mehr, als auf diese Weise ja unter dem Strich auch für die Gewichtsverteilung der drei ein Gewinn herausspringt, ein Gewinn für die Liebe, die ja auch von Paulus als der höchste Wert definiert wird. Darin bin ich mit ihm also voll einig, die „Umdeutung" von „Glaube" in „Vertrauen" wird er hoffentlich tolerieren oder mindestens verzeihen.

Du wirst es sicher gemerkt haben, lieber Leser: die *Hoffnung,* der dritte Bestandteil seiner Wertekette ist jetzt unter den Tisch gefallen. Nun könnte ich mich damit herausreden, daß die Hoffnung in einem starken Vertrauen sozusagen aufgeht, ja überflüssig wird. Das will ich aber gar nicht, denn sie ist mir noch sehr wichtig als Überschrift eines neuen Kapitels.

Kapitel 8: Über die Hoffnung

Von den drei göttlichen Tugenden hat die Hoffnung, wie ich meine, am meisten an Glanz verloren. Auch bei Paulus kommt sie ja schon schlecht weg; außer ihrer Erwähnung finden wir da nichts Erhellendes, er widmet sich ja vor allem der Liebe. Aber der Volksmund weiß: die Hoffnung stirb zuletzt. Woran liegt das?

In der Hoffnung sind nach meiner Interpretation, wie bei so vielen Begriffen, eine individuelle lebensgeschichtliche und eine allgemeine erdgeschichtliche Betrachtung zu unterscheiden. Der Wunsch nach Verbesserung des Lebensstandards, ist sicher nach wie vor bei den meisten Menschen ein stark ausgeprägter Antrieb. Und er gilt nicht nur für die eigene Person, sondern auch noch in der Regel für die Angehörigen der nächsten Generation aus der eigenen Familie. „Ihr sollt es einmal besser haben", der Wusch, der in früheren Zeiten für die Kriegs- und Nachkriegsgeneration in der Bedürfnispyramide einen hohen Stellenwert einnahm, scheint mir aber zumindest im heutigen Deutschland ein Stück weit abgesunken zu sein. Es geht uns einfach schon zu gut, was kann da denn eigentlich noch besser werden? Den erreichten Standard zu erhalten, ist ja schon ein hehres Ziel.

Offen dürfte dagegen die Frage bleiben, was man sich für sich selbst für das Weiterleben nach dem Tod erhofft. Darüber wird nach meinem Gefühl sehr wenig nachgedacht, jedenfalls so gut wie nicht gesprochen. Das war in meiner Jugend noch ganz anders. Das, was meine Mutter und erstrecht die Mutter Kirche dazu in mich eingepflanzt haben, war die klare Verheißung: das diesseitige Leben ist ein Leben im Jammertal, erst das Leben im Jenseits bringt die Erfüllung, vorausgesetzt, man hat sich im Diesseits die Eintrittskarte ins himmlische Paradies erworben. Ich weiß nicht, wie weit diese Hoffnung heute noch verbreitet ist, vielleicht bei den Alten und vom Leben nicht so Verwöhnten, aber wie steht es bei den Jungen? Leider habe ich da keine aussagekräftigen Meinungen, „gefühlt“ fürchte ich da eher auf die Meinung zu stoßen: *was kann das Paradies eigentlich noch zu bieten haben? Weitere mögliche Steigerungen zu einem noch so weit entfernten Zeitpunkt interessieren mich jetzt noch nicht wirklich, ich hab genug damit zu tun, meine jetzt gegebenen Möglichkeiten zu leben.* Aber wie gesagt, wirklich belegen kann ich das nicht.

Was mich beim Thema Hoffnung aber wirklich stark berührt, ist die geschichtliche Dimension, die evolutionäre Sicht.

Wenn ich mir die gegenwärtige Situation der Menschheit und die ihres weiteren Wegs in die Zukunft ansehe, komme ich gegenwärtig zu einem ziemlich desolaten Ergebnis. Das mag zwar auch mit der älteren Menschen zugesprochenen grundsätzlichen Skepsis gegenüber jeder weiteren Entwicklung zusammenhängen, aber dieses Argument greift meines Erachtens zu kurz. Was haben wir Kriegskinder sehnlichst auf eine Wendung zum Besseren gehofft, nach dem Ende der Schrecken vor allem auf eine stabile friedliche Zukunft, wie groß waren die fast schon zur Zuversicht gewachsenen Erwartungen nach dem Mauerfall und dem Ende des kalten Kriegs, daß die Menschen nun endlich begriffen hätten, daß Krieg kein Mittel zur Lösung irgendwelcher Probleme ist. Und nun, kaum 25 Jahre später, scheint die Welt allem Anschein nach weitgehend ungebremst in noch schrecklichere Strudel von Gewalt und Brutalität hineingerissen zu werden denn je. Ist Selbstsucht und Gier denn letztlich unausrottbar und der Glaube an den Fortschritt der Evolution nur eine schreckliche Illusion? Wo wir doch glaubten, Zeuge zu sein vom Sieg des Guten!

Ich sage es offen: die Entwicklung der letzten Wochen und Monate erschüttern meine Hoffnung, daß das Experiment „homo sapiens“ zu einem langfristig guten Ergebnis kommt, bis ins Mark. Und ich füge mit einem bitteren Geschmack zwischen den Zähnen hinzu, daß der Fortbestand seiner Spezies auch nicht verdient wäre, wenn es ihm nicht gelingt, seine atavistischen Anlagen nachhaltig auszumerzen. Wenn Du fragst, wie das geschehen könnte angesichts der Zerrüttung unserer Welt, dann nehme ich als meine Antwort schon vorweg: ich sehe nur einen möglichen Weg/Ausweg in dieser Lage, nämlich die Erfüllung des jesuanischen Auftrags ***„Liebet einander, wie ich Euch geliebt habe."***

Diese Botschaft, die ich aus dem Erleben meiner Knollenblätterpilz-Vergiftung mitgenommen habe, möchte ich „schlicht und ergreifend" rüberbringen (die Floskel scheint mir da einmal wirklich im vollsten Sinn des Wortes angebracht zu sein). Und diese Botschaft, auch das ist eine Floskel, die sich zunehmender Beliebtheit erfreut, ist alternativlos.

Wie kann eine vertrauensvolle Lebenseinstellung aber zurück gewonnen werden, wenn Hoffnung nicht in Sicht ist?

Ich möchte versuchen, mich selbst und damit hoffentlich auch Dich, lieber Leser, mit einigen positiven Gedanken aus dem Sumpf zu ziehen, die mir in verzweifelter Stimmung bisher dann doch immer ein Trost, ein neuer Hoffnungsspender waren. Doch dazu muß ich etwas weiter ausholen.

Ich selbst bin, jedenfalls dem Sternzeichen nach, Jungfrau. Zu der temperamentlichen Ausstattung dieses Sternzeichens gehört die Neigung zur Ungeduld. Sie ist bei mir extrem stark ausgeprägt, es kann mir sozusagen nichts schnell genug gehen. Für meine Umgebung nicht gerade gemütlich. Die Geduld des gelassen Erwarten-Könnens ist meinem Wesen leider fremd. Und das gilt auch für den Komplex „Weltverbesserung". So hat mich denn auch die jüngste Entwicklung auf diesem Gebiet mit dem Rückfall in die Nazivergangenheit in unseren Breiten „gefühlt" um einige Jahrhunderte zurückgeworfen, wo es doch schon so verheißungsvoll ausgesehen hatte. Warum sind die so positiv erscheinenden Ansätze zu einem liebevolleren Umgang miteinander steckengeblieben, warum scheint die Liebe, die Größte unter den dreien, wieder von Haß, Neid und Gier niedergebügelt zu werden? Als leidenschaftlicher Weltverbesserer – mindestens dem Geiste nach – erwartet man schnelle, deutliche Fortschritte, doch die Entwicklung kümmert sich nicht um die Lebenserwartung einzelner Individuen und damit um deren mit wachsendem Alter auch gesteigerte Ungeduld.

Will man ein ganz anderes Zukunfts-Szenario aufzeigen, muß man zu einer längerfristigen Betrachtungsweise übergehen.

Ich gehe davon aus, daß das Argument , daß die Evolution langfristig zu einer deutlichen Verbesserung der Lebensumstände der Spezies Mensch sowie zu einer eklatanten Anpassungsfähigkeit an seine Umwelt durch die rasante Fortentwicklung seiner eigenen Fähigkeiten weitgehend unwidersprochen akzeptiert ist. Ebenso sind die meisten intelligenten Menschen auch bereit, anzuerkennen, daß die Schlußfolgerung erlaubt ist, der Entwicklung im Rahmen der Evolution noch einen weiteren Spielraum nach oben einzuräumen, freilich unter der Voraussetzung, daß die Evolution auch weiterhin Gelegenheit hat, ihr Werk fortzusetzen. "Wir sind noch nicht am Ende", so heißt der Titel eines eben erschienenen Buches. Und auch die Natur als Selbstheilerin, wenn die Menschheit etwas verbockt hat, wird an dieser Stelle gern ins Treffen geführt. Man muß also nicht unbedingt ganz schwarz sehen.

Aber darüber hinaus gibt es auch eine Reihe von positiven Anzeichen dafür, daß ein Wandel bereits im Gang ist. Hinweise darauf findet man vor allem in der esoterischen Literatur, während die Schulweisheit noch mit einem erheblichen Time lag hinterherhinkt. So habe ich vor kurzem einen ernst zu nehmenden wissenschaftlichen Fernsehfilm gesehen, der behauptet, daß durch die Entdeckung der sogenannten Raumenergie das Thema Energiemangel in Wirklichkeit gar nicht existiert. Woran es lediglich fehlt sei das Interesse von Technik und Industrie, ihre noch grenzenlosen Verdienstmöglichkeiten im schon erschlossenen Bereich aufzugeben.

Dann wird von Veränderungen im menschlichen Erbgut gesprochen, die „Indigo-Kinder" machen Furore und immer wieder kann man lesen, wie sich das Wissen der Menschheit in schwindelerregendem Tempo vervielfältigt. Man kann zu dem Ergebnis kommen, daß die Menschheit eigentlich nur ein massives Problem hat: ihrer eigenen Entwicklung hinterher zu kommen. Wenn man dann noch bedenkt, wie lange es gedauert hat, bis sich zum Beispiel die These von Galilei durchgesetzt hat, dann bekommt man einen Begriff davon, wieviel Geduld wir mit uns selbst haben müssen.

Hoffnung – das war meine Absicht, rüber zu bringen – darf und soll also weiterhin gehegt und gepflegt werden, sie paart sich jedenfalls ganz ausgezeichnet mit einer guten Portion Vertrauen und ist die notwendige Basis für die Zukunft.

Ja, und dann ist da noch die größte der Drei: die Liebe. Wenn Du jetzt, lieber Leser, hierzu ein eigenes Kapitel erwartest, muß ich Dich enttäuschen. Wie ich schon sagte, beschäftigt sich mein ganzes Buch ja mit der Liebe, und damit bin ich ja auch noch nicht ganz am Ende.

Kapitel 9: von der Toilettenfrau zum Sufismus

Baustelle Gottesbild: ich sagte es schon, man sollte immer auf Überraschungen gefaßt sein. Das unterstreicht jedenfalls auch meine nächste Geschichte mit dem ziemlich marktschreierischen Titel. Ich selbst wundere mich immer wieder, wie es meinem leider unbekannten Produktionsleiter gelingt, mit zunächst undeutbaren kleinen Vorkommnissen mich für ein Thema zu interessieren, um dann Schritt für Schritt schwereres Geschütz aufzufahren. So war es schon bei den Vorkommnissen, die zu meinem Buch „Die Botschaft des Kleinen Königs“ geführt haben, so ist es auch jetzt beim Thema Sufismus.

Es begann beim Zahnarzt. Relativ harmlos, Nachschautermin. Man konnte es also riskieren, sich danach zu einem Mittagessen im Cafe der neu eröffneten Neuen Pinakothek in München zum Essen mit der ältesten Tochter zu verabreden. Ungeplant war aber das Nasenbluten, das mich dort ereilt hat. Leicht derangiert besuchte ich die im Untergrund liegende feudale Toilette, um Hände und Gesicht von den Blutspuren zu reinigen. Ich war also weitgehend mit mir selbst beschäftigt, so daß sich das ungewohnte Bild einer schwarzen Klofrau nur so am Rande in mein Bewußtsein drängte. Erst als ich beim Hinausgehen mein restliches Kleingeld zusammenkratzte und in ihr Körbchen legte, bemerkte ich, daß etwas an der Szene nicht stimmte: die dunkelhäutige Schönheit, so viel ergab mein sie flüchtig musternder Blick, saß, fast möchte ich sagen: thronte auf einem roten Kissen auf einer kleinen Bank zwischen zwei Waschbecken; sie trug auch keine Arbeitskleidung sondern ein Seidengewand, und ich meine, sie trug auch Schmuck, ja, gar reichen Schmuck. Es mag sein, daß meine Erinnerung da noch etwas mitgeholfen hat, die Dame „aufzuhübschen“, jedenfalls erzählte ich bei Tisch meiner Frau und meiner Tochter von meiner seltsamen Begegnung und auch wie sie geendet hatte: als ich den Waschraum verließ und noch einmal einen Blick zurück warf, sah ich, daß sie mit gespitzten Lippen zur Tür hin einen auf ihre Hand gehauchten Kuß schickte. Erst auf dem Gang, als sich die Tür hinter mir schon geschlossen hatte, war ich so richtig verdutzt und der Gedanke an eine Fata morgana zuckte durch mein Gehirn. Das geht doch alles nicht mit rechten Dingen zu, so weigerte sich mein Verstand zu akzeptieren, was die Augen wahrgenommen hatten. Was soll mir, einem alten Mann, ein Kuß einer schwarzen Lady, auch wenn es nur ein gehauchter war?

Meine Tochter Veronica, die als Tänzerin und spirituelle Sucherin schon ziemlich weit rumgekommen ist und auch einige Zeit in Indien gelebt hat, deutete das Geschehen so: es gäbe in Indien durchaus rituelle Zeremonien, die von den Anhängern einer der dort beheimateten Religionen zur Reinigung ihres Karmas Bußübungen verlangen, bei denen niedrige Dienste wie etwa auch die einer Putzfrau zu erbringen sind. So wie es in Siddharta beispielsweise in der Rolle des Fährmanns der Fall ist. Und es fiel als ein Name einer solchen Religionsform der Sufismus.

Wir sprachen noch ein wenig über die Tanzenden Derwische, aber damit hatte es sich auch, denn über Sufismus wußte von uns Dreien niemand etwas Genaueres. Bis dahin! Das einer oder gar mehrere leibhaftige Sufis in mein, in unser Leben treten könnten, schien eher unwahrscheinlich und so wurde die ganze Begebenheit erst einmal schnell vergessen.

Doch mein im Hintergrund tätiger Produktionsleiter ist hartnäckig im Verfolgen seiner Ziele, und er legte nach in Sachen Sufismus. So sehe ich mich jetzt gezwungen, noch einmal kurz auf eine Geschichte zurück zu kommen, die ich schon mehrfach erzählt habe: unseren Umzug nach Bernried.

Das war auch so ein handstreichartiger Gewaltakt, von dem man nicht weiß, wem man ihn in die Schuhe schieben soll. Nicht im Entferntesten haben wir im Alter von über siebzig Jahren an einen Umzug gedacht, allenfalls mit dem ins Altersheim. Doch innerhalb einer halben Woche wurde uns auf dem Silbertablett, wie ich es gerne nenne, die perfekte Lösung unserer Sorgen hinsichtlich unserer Bleibe im Alter in Gestalt des Hauses in Bernried serviert, so daß wir kaum Zeit hatten, in Ruhe zu überlegen und nicht anders konnten als uns in das Abenteuer hinein zu stürzen. Heute, nach über zehn Jahren können wir Beide nur sagen, daß das eine der besten Entscheidungen unseres Lebens war und wir es seither keine Minute bereut haben.

Mit dem Ortswechsel, der in meinem Buch „Laurentiustränen" im Kapitel „Himmel über Bernried" eingehender beschrieben ist, ging auch ein Wechsel der kirchlichen Heimat einher. Dieser war zunächst unbedeutend, da wir in Großhesselohe aus den schon beschriebenen Zweifeln, auch aus Bequemlichkeit, das will ich gar nicht leugnen, die direkt neben unserem Haus gelegene Kirche nicht mehr besucht hatten; auch mit dem Umzug änderte sich daran erst einmal nicht viel. Aber Bernried ist nicht nur ein altbayerisches Dorf, es ist auch ein Klosterdorf und das auch heute noch. Seit 1948 sind die Missionsbenediktinerinnen mit einem Teil der Tutzinger Mann- bzw. Frau-schaft in das ehemalige Augustiner-Chorherren-Stift eingerückt, nachdem das Kloster nach der Säkularisation ein gutes Jahrhundert als Schloß gedient hatte.

Mit dem Kloster verband uns schon seit vielen Jahren eine Freundschaft, da unsere langjährige Haushälterin Marianne dort ihre zweite Heimat hatte, denn sie hat dort die Haushaltsschule besucht und die Verbindung zu den Schwestern bis heute gehalten; und diese Marianne war in der Zeit nach der Gehirn-Operation meiner Frau unser Engel und unsere Rettung; immerhin neun Jahre war sie bei uns in Großhesselohe. Diese Tatsache führte dazu, daß das Kloster auch für uns ein wenig die Funktion eines Mutterhauses abgab. Und so ergab es sich, daß meine Frau an einem Glaubens-Gesprächskreis teilnahm, der, zwar informell, aber doch unter der Schirmherrschaft und Leitung von Schwester Elisabeth-Magdalena stattfand. Ich habe da ausnahmsweise nicht mitgemacht, da ich mit meinem ansehnlichen Päckchen Glaubenszweifeln mich scheute, Sprengstoff in den Kreis zu tragen und mich außerdem nicht mehr an der Diskussion um in meinen Augen weniger wichtige, gar fragwürdige Dogmen beteiligen wollte.

Diese zugegebenermaßen etwas langatmige Zustandsbeschreibung erhält aber durch die Art und Weise, wie dieser Kreis zustande kam, einen bemerkenswerten Akzent. Was man in einem katholischen Kloster, das sich auch Bildungshaus nennt, sicher eher nicht erwartet, ist, daß die Freundschaft eines katholischen Religionslehrers mit einem Sufi- Meister als gemeinsame freiwillige „gute Tat" die Renovierung, sprich das Ausmalen der Seekapelle zustande brachte. Die Seekapelle ist in der Zeit der großen Bernrieder Wallfahrten in der äußeren Klostermauer erbaut und mit einer der Legende nach angeschwemmten Pieta bestückt worden. Diese Geschichte ist in den meisten Bernried-Führern nachzulesen. Bemerkenswerter noch ist die nachweisliche Tatsache, daß Klaus K., der Sufi-Meister im Programm des Bildungshauses mit einer Meditationsreihe aufscheint. Und nun stellte sich heraus, daß er an der Gründung des Glaubenskreises beteiligt war und auch gleich noch eine „bekennende Sufi- Anhängerin" mitbrachte. Zwischen meiner Frau und dieser höchst agilen, temperamentvollen und gleichzeitig sehr liebevollen Sufi-Dame entwickelte sich schnell eine intensive Freundschaft, die vor allem von interessanten Gesprächen rund um das Thema Gottesbeziehung gespeist wird. Dilek, so heißt die neue Freundin, geht inzwischen bei uns ein und aus und bereichert nicht nur unsere Gespräche, sie führt uns auch weiter in die Welt des Sufismus ein.

Das Erstaunlichste aber ist für mich, daß es da mit der Sufi-Tradition schon seit langem eine religiöse Bewegung gibt, die zwar aus dem Islam geboren wurde, aber auch für andere Religionen offen ist. Man kann also durchaus Christ sein (und bleiben), und dennoch Sufi sein oder werden. Der Glaube ist auch kein dogmatischer, sondern ein mystischer, das Ziel ist „Gotteserfahrung", ja „Gottesbegegnung"; und der Weg dorthin ist Liebe. Rumi, den in Deutschland, wohl bekanntesten Vertreter des Sufismus, kann man verstehen als Brückenbauer zwischen den Religionen, der weit vor Hans Küng und dessen Projekt „Weltethos“ schon nach Gemeinsamkeiten zwischen Christen, Juden und Muslimen gesucht hat und alle Menschen als Spiegelbilder Gottes begreift, ganz gleich, welcher Religion sie angehören.

Nun ist es nicht meine Absicht, sozusagen durch die Hintertür dem Leser eine Begegnung mit dem Sufismus zu verschaffen, weiß ich ja selbst nicht viel mehr, als was man sich „ergoogeln“ kann; auch weiß ich vorläufig noch nicht, wohin meine eigene so überraschende Begegnung noch führen wird. Erst einmal bin ich dankbar, aus ihr einen wunderbaren Text gewonnen zu haben, der wie gemacht ist, um meine Reflektionen zum Thema *„Wandel meines Gottesbildes“* zu beschließen. Ich denke, lieber Leser, daß Du es nachvollziehen kannst, wenn ich ein letztes Mal darauf aufmerksam machen möchte, wie grandios, ja elegant die Fäden gesponnen sind, die mir zu diesem Bekenntnisbericht, wie ich ihn einmal nennen möchte, in die Hand gespielt wurden. Da muß schon ein großer Meister am Werk sein…

Deine mögliche Frage, ob es zu der merkwürdigen Geschichte mit der von uns so titulierten Sufi-Putzfrau noch eine Aufklärung gibt, muß ich leider verneinen. Ich vermute mangels besseren Wissens, daß ihre Erscheinung für mich lediglich als Türöffner für den Einstieg in das Thema Sufismus diente. Aber diese Fata Morgana gibt mir Gelegenheit, auch einmal die Möglichkeiten des Internets zu preisen, denn hätte ich nicht Google griffbereit neben mir gehabt, dann vermute ich, daß meine Neugier kein ausreichender Antrieb für mich gewesen wäre, den dicken Brockhaus aus der obersten Regalreihe deswegen herunter zu holen. Doch wie nicht anders zu erwarten, wurde ich auf einen entsprechenden Hinweis von unserer neuen Freundin Dilek im Netz sofort fündig, als ich nach der Weltformel Einsteins forschte. Und das ist ja dann letztlich der Berührung mit dem Sufismus zuzuschreiben.

Kapitel 10: Die Weltformel

Albert Einstein, einer unserer größten Physiker, hat sich mit seiner Relativitätstheorie und der Formel $E = m c^2$ einen unauslöschlichen Namen gemacht. Weitgehend bekannt ist auch, daß er Zeit seines Lebens nach d e r Weltformel gesucht hat, die das ganze Universum in sich umschließt. So gut wie völlig unbekannt ist jedoch, daß er sie gefunden hat. Allerdings ist es keine mathematische Formel, die er fand, und deshalb wurde sie von der Wissenschaft wohl auch nicht ernst genommen. Aber es gibt einen Brief Einsteins, den man ohne Schwierigkeiten im Internet finden und herunterladen kann.

Es ist ein Brief an seine Tochter Lieserl, die ihn zusammen mit 1400 weiteren im Jahr 1980 an die Hebrew University unter der Bedingung übergab, sie frühestens 20 Jahre nach ihrem Tod zu veröffentlichen. Ich übernehme ihn für Dich, wie er im Internet wiedergegeben ist:

„Als ich die Relativitätstheorie vorschlug, verstanden mich nur sehr wenige und was ich Dir jetzt zeigen werde, um es der Menschheit zu übertragen, wird auch auf Mißverständnisse und Vorurteile in der Welt stoßen.

Ich bitte Dich dennoch, daß Du es die ganze Zeit, die notwendig ist, beschützt, Jahre, Jahrzehnte, bis die Gesellschaft fortgeschritten genug ist, um das, was ich Dir als nächstes erklären werde, zu akzeptieren.

Es gibt eine extrem starke Kraft, für die die Wissenschaft bisher noch keine formelle Erklärung gefunden hat. Es ist eine Kraft, die alle anderen beinhaltet und regelt und die sogar hinter jedem Phänomen ist, das im Universum tätig ist und noch nicht von uns identifiziert wurde. Diese universelle Kraft ist LIEBE. WENN DIE WISSENSCHAFTLER NACH EINER EINHEITLICHEN THEORIE DES UNIVERSUMS SUCHTEN, VERGABEN SIE DIE UNSICHTBARE UND MÄCHTIGSTE ALLER KRÄFTE. LIEBE IST

LICHT, da sie denjenigen, der sie gibt und empfängt, beleuchtet. LIEBE IST SCHWERKRAFT, weil sie einige Leute dazu bringt, sich zu anderen hingezogen zu fühlen. LIEBE IST MACHT, weil sie das Beste, was wir haben, vermehrt und nicht zuläßt, daß die Menschheit durch ihren blinden Egoismus ausgelöscht wird. LIEBE ZEIGT UND OFFENBART. DURCH DIE LIEBE LEBT UND STIRBT MAN. LIEBE IST GOTT, UND GOTT IST DIE LIEBE. Diese Kraft erklärt alles und gibt dem Leben einen Sinn in Großbuchstaben. Dies ist die Variable, die wir zu lang ignoriert haben, vielleicht, weil wir vor der Liebe Angst haben, weil es die einzige Macht im Universum ist, die der Mensch nicht gelernt hat, nach seinem Willen zu steuern.

Um die Liebe sichtbar zu machen, habe ich einen einfachen Austausch in meiner berühmten Gleichung gemacht. Wenn wir anstelle von $E = mc^2$ zu akzeptieren, die Energie akzeptieren, um die Welt durch Liebe zu heilen, kann man durch die Liebe multipliziert mal der Lichtgeschwindigkeit hoch Quadrat zu dem Schluß kommen, daß die Liebe die mächtigste Kraft ist, die es gibt, weil sie keine Grenzen hat. Nach dem Scheitern der Menschheit in der Nutzung und Kontrolle der anderen Kräfte des Universums, die sich gegen uns gewendet haben, ist es unerläßlich, daß wir uns von einer anderen Art von Energie ernähren. Wenn wir wollen, daß unsere Art überleben soll, wenn wir einen Sinn im Leben finden wollen, wenn wir die Welt und alle fühlenden Wesen, die sie bewohnen, retten wollen, IST DIE LIEBE DIE EINZIGE UND LETZTE ANTWORT: Vielleicht sind wir noch nicht bereit, eine Bombe der Liebe zu machen, ein Artefakt, das mächtig genug ist, den gesamten Haß, Selbstsucht und Gier, die den Planeten plagen, zu zerstören. Allerdings trägt jeder Einzelne in sich einen kleinen, aber leistungsstarken GENERATOR DER LIEBE, dessen Energie darauf wartet, befreit zu werden. Wenn wir lernen, liebe Lieserl, diese universelle Energie zu geben und zu empfangen, werden wir herausfinden, daß die Liebe alles überwindet, über alles transzen-

diert und alles kann, denn DIE LIEBE IST DIE QUINTESSENZ DES LEBENS.

Ich bedauere zutiefst, nicht in der Lage gewesen zu sein, um das auszudrücken, was mein Herz enthält, das leise mein ganzes Leben für Dich geschlagen hat. Vielleicht ist es zu spät, mich zu entschuldigen, aber da die Zeit relativ ist, muß ich Dir sagen, daß ich Dich liebe und daß ich dank Dir bis zur letzten Antwort gekommen bin.

Dein Vater, Albert Einstein."

Im Herzen stimme ich mit dem, was Einstein an seine Tochter geschrieben hat, voll überein. Ich fürchte nur, daß er bei der Bemessung der notwenigen Karenzzeit für die „weitere Reifung" der Menschheit sich um mindestens einen Faktor verschätzt hat, denn noch sehe ich nicht wirklich, daß sich in den seither vergangenen Jahren Entscheidendes bewegt hat. Aber da Herr Einstein vermutlich doch eher mit großen Zahlen umzugehen gewohnt war, sei ihm seine Schätz-Ungenauigkeit verziehen. Die Hoffnung, so sagt man ja, stirbt zuletzt. Vielleicht bringt ja auch das neue Tierkreiszeichen Wassermann, in dem die Sonne sich gerade hinein zu begeben anschickt – offenbar sind sich die Astrologen in der Zeitberechnung nicht ganz einig – da noch eine positive Überraschung.

Kapitel 11: Eine Niederlage für die Liebe

Überraschungen sind aber leider nicht immer positiv.

Da sprach ich vor zwei Tagen etwas leichtfertig von meinen Zweifeln an Herrn Einsteins Zeitschätzungsvermögen, und kurz darauf bekam ich eine schreckliche Bestätigung für die Unreife der Menschheit, zumindest von dem unseligen Barbarentum gewisser Gruppen – und die zivilisierte Menschheit oder die, die sich dafür hält erstarrte vor Entsetzen: am Freitag, dem13.11.2015 rissen die Attentate von Paris alle Gutwilligen aus ihren Träumen von einer heileren Welt.

Und wieder geschieht es im Namen eines Gottes, ausgeführt von einer triumphierenden „Gotteskriegerschaft", die dem Rest der Welt einen blutigen Krieg erklärt. Wieder einmal erleidet die Liebe eine bittere Niederlage. Leicht, ja allzu leicht gewinnen die Scharfmacher die Oberhand, die nach Rache schreien, ihrerseits den Feinden Tod und Verderben androhen. Wer bremst die Eskalation, wer bewahrt die Menschheit vor einem neuen Krieg, einem Religionskrieg vermutlich der schlimmsten Art? Dabei geht es mitnichten um einen Gott und sein Reich, nein, es geht wie immer um Macht und Besitz an Ressourcen, Gott ist höchstens ein Alibi; in Wahrheit steht unverblümt nackte Gewalt auf den Fahnen der „Gottes-Krieger".

Und wieder tröstet und beruhigt allein der Satz: die Hoffnung stirbt zuletzt. Wie soll man sonst seinen Kindern und Enkeln den Zustand der Welt erklären, den wir ihnen hinterlassen, der ihnen auf lange Zeit – Fachleute sprechen heute schon von zwei bis drei Generationen – viel Unheil bescheren wird, vor allem ein Leben in ständiger Angst. Es war wohl vermessen, ihnen eine bessere Welt, eine bessere Zukunft vor zu gaukeln! Alles, was von den Versprechungen übrig bleibt, ist ein Funke in einem Haufen von Schutt und Asche. So ist mein Zuruf an sie, die das Verhängnis wohl oder übel ausbaden müssen, schon eher ein Notschrei:

laßt die Flamme der Liebe nicht ausgehen, versucht es erneut; denn es gibt keinen anderen Weg!

Kapitel 12: Achtung: Baustelle, die Dritte

Nach den bitteren Erfahrungen mit Baustellen, vor allem von Großbaustellen, wie etwa dem Berliner Flughafen, sollte es sich ja langsam herumgesprochen haben, daß ihr Fertigstellungstermin zu den unkalkulierbarsten Dingen unserer Zeit gehört. Um wie viel mehr trifft das dann für ein Thema wie den Wandel eines Gottesbildes zu, und zwar gesamt-geschichtlich wie eben auch aus der Sicht eines Individuums hinsichtlich der ihm gegebenen Lebensspanne. So lange Leben währt, gibt es auch Veränderung, oder, wie an anderer Stelle bereits gesagt, ist steter Wandel das Einzige, worauf man sich verlassen kann. So darf es auch nicht Wunder nehmen, wenn ich mein Thema ein weiteres Mal aufnehme, in der Sprache des Filmemachers also: Achtung Baustelle, die Dritte. Um es schon einmal vorwegzunehmen: es geht dabei nicht nur um ein Nachklacken zu schon einmal gesagtem, es geht vielmehr um einen veritablen Paradigmenwechsel, zumindest aus meiner Sicht.

Um diese vielleicht etwas großsprecherische Ankündigung zu untermauern, fühle ich mich verpflichtet, zunächst einen kurzen Bericht zur allgemeinen Lage zu geben.

Sie ist, in einem Satz gesagt, dramatischen Veränderungen unterworfen, wie kaum je zuvor. Und das gilt für mehr oder minder alle Lebensbereiche, und es gilt auch weitgehend global. Ich will das nur an drei Beispielen mit einigen wenigen Strichen zu skizzieren versuchen, die Fakten dazu liegen auf dem Tisch und werden gegenwärtig heiß und naturgemäß vielfarbig kommentiert. Allein das Thema Flüchtlinge scheint in der Lage zu sein, die Gesellschaft in Deutschland, ja in Europa zu spalten.

Kriegsschauplatz Nummer eins: die gesellschaftspolitische Entwicklung.

Schon von Kindesbeinen an habe ich die Voraussage meines Vaters übernommen, daß bei einem weiteren Auseinanderklaffen der

Schere zwischen arm und reich in absehbarer Zeit ein Weltenbrand ungeahnter Dimension unabwendbar eintreffen wird, um gewaltsam einen Ausgleich der Spannungen herbeizuführen. Zündstoff und Zündzeitpunkt, so war seine Meinung – und sie wurde von sehr Vielen geteilt – werde im Wesentlichen von der Waffenindustrie vorangetrieben, wobei das am häufigsten genannte Kriterium die Herstellbarkeit „kleiner Atombomben" war. Daß es zu diesem apokalyptischen Ereignis bis jetzt noch nicht gekommen ist, muß fast als ein Wunder gelten; daß statt den kleinen Atombomben aber auch eine Flüchtlingswelle ungeahnten Ausmaßes genügen könnte, um die alte Besitzstandsituation in der Welt über den Haufen zu werfen, haben wohl wenige damals gesehen: aber der Beweis wird derzeit geführt und es sieht ganz danach aus, daß demnächst an einer Wand eines königlichen Palastes irgendwo im Nahen Osten die Worte aufscheinen werden: *quod erat demonstrandum*.

Kriegsschauplatz Nummer zwei: die kulturelle Entwicklung.

War unsere Geschichte in der Vergangenheit weitgehend geprägt durch den Auf- und Abstieg von Kulturen, so bringt die Globalisierung einen weltweiten Wandel kultureller Normen und Werte mit sich: die Welt wird, um es in einem Satz zu karikieren, zu einer grenzenlosen Konsumgesellschaft, in der Blue Jeans einerseits überall das Straßenbild dominieren, zugleich aber auch als Symbol für die volle Gleichberechtigung von Mann und Frau stehen. So ist der Untergang des Abendlandes, den Oswald Spengler schon vor einem halben Jahrhundert prognostizierte, längst in vollem Gang.

Kriegsschauplatz Nummer drei: die Religionen.

Viele der Kriege, die in der Vergangenheit stattfanden, und auch viele der heute tobenden Auseinandersetzungen beruhen auf unterschiedlichen Glaubensvorstellungen. So haben wir das im Geschichtsunterricht gehört. Dabei wird freilich oft übersehen, daß in jeder Religion die Glaubensvorstellungen menschengemacht sind, und zwar von Menschen, die ein originäres und vitales Interesse daran hatten und haben, daß die zu ihren Gunsten selbstgebastelten Machtstrukturen bis in alle Ewigkeit Bestand haben. Auch heute, wo in vielen Religionen wieder die Fundamentalisten das Sagen haben, steht das Göttliche des jeweiligen Gottesbildes im Wesentlichen als nur schlecht verhülltes Druckmittel für die Durchsetzung sehr menschlicher Interessen im Vordergrund. Die Erkenntnis dieses Tatbestands ist m.E. der wirkliche Grund, warum in der sogenannten aufgeklärten Welt die Menschen in Scharen die Kirchen verlassen, wofür ein durch das Zölibat in sexueller Not gehaltener Klerus lediglich ein wohlfeiles Alibi liefert. Festzuhalten ist, daß es bei allen Religionen in erster Linie um eine schwer zu entwirrende Gemengelage aus allen möglichen hygienischen Bedürfnissen, aus gesellschaftspolitischen Bestrebungen und sozialpolitischen Absichten, immer aber um handfeste Machtpolitik geht, hinter der irgend ein ferner Gott ein recht bedeutungsloses Dasein fristet. Wo sind, so ist zu fragen, die allmächtigen Götter geblieben, von denen die Mythen aller Völker berichten?

Noch Vieles wäre zum Zustand der gegenwärtigen Weltlage an zu führen, wollte man ein einigermaßen treffendes Bild zeichnen. Das ist nicht meine Absicht. Vielmehr will ich mein altes Strickmuster wieder aufnehmen und den Wegen folgen, die mich mein Bibliotheksengel in den letzten beiden Monaten geführt hat, als ich selbst nicht mehr recht weiter wußte und mein Buchprojekt wieder einmal aufgeben wollte . Auf den verheißenen Paradigmenwechsel wird später aber noch zurück zu kommen sein.

Kapitel 13: Blick ins Jenseits

Stand im vorherigen Kapitel die Frage im Raum, wo die allmächtigen Götter geblieben sind, so geht es unter der Überschrift dieses Kapitels um die Frage, wo denn die Propheten, die Götterboten geblieben sind, von denen eine Antwort auf die Frage zu erhoffen wäre, wo es mit dieser unserer Welt hingehen solle. Wenn man danach Ausschau hält, macht sich zunächst wohl Enttäuschung breit: Figuren von biblischem Format scheinen nicht in Sicht. Bei näherem Hinsehen stößt man aber auf Leute wie Ghandi, Nelson Mandela, Martin Luther King, Osho usw., die für bestimmte Religionen oder Regionen durchaus als die neuen Propheten gelten können. Darüber hinaus haben derzeit eine ganze Reihe moderner Gurus, deren Namen aber für die Weltöffentlichkeit nicht bzw. noch nicht bekannt sind, eine recht beachtliche Anhängerschaft. Dank der neuen Medien sind sie aber mit ihren Auftritten als Vortragende bei allerlei spirituellen Kongressen für jedermann, der sich für die Szene interessiert, leicht digital aufzuspüren. Auch Buchpublikationen esoterischer Provenienz füllen in einer Zeit, in der Bücher vielfach als überholt und vom Aussterben bedroht scheinen, die Verkaufsregale der verbliebenen Buchhandlungen. Wenn meine Beobachtungen zutreffen, tummeln sich auf diesem Markt auffallend viele Schweizer, die als Neutrale in den letzten Kriegen allemal auf der Seite der Kriegsgewinnler stehen, und geben ihre Erfahrungen bzw. Einblicke in das Reich des Übersinnlichen z.T. recht spektakulär und rhetorisch beeindruckend an ein andächtig lauschendes Auditorium weiter. Durch einen Vortrag über *Reinkarnation und Karma* von Armin Risi, den ich zu dieser Gattung von Gurus zähle, stieß ich auf zwei sehr bemerkenswerte Bücher, die bei meiner Suche nach Gott und Gottesbildern ein neues Kapitel aufschlugen, nämlich Berichte über unmittelbare

Gotteserfahrungen, überwiegend aus dem Bereich der sogenannten Nahtoderfahrungen. Nach Schriften der Schweizer Ärztin Elisabeth Kübler-Ross, die ich schon vor längerer Zeit verschlungen hatte, haben vor allem zwei Personen, die selbst von ihrem Erleben während mehrtägiger Komazustände in der jenseitigen Welt berichten, meiner Gottesbildsuche einen entscheidend anderen Blickwinkel eröffnet, nämlich den einer persönlichen, in der östlichen wie westlichen Mystik seit urdenklichen Zeiten als tiefst mögliche, ja einzig überzeugende und überwältigende Gotteserfahrung, was im Westen allerdings lange fast vergessen war und erst in den letzten Jahrzehnten eine eher zögerliche Wiederauferstehung feiert. Es ist mir nicht möglich, im Rahmen meines Berichtes über meine Erfahrungen mit der Religion sehr Grundsätzliches zum Thema Mystik zu sagen, um so mehr als dieser Weg zur Gotteserfahrung den Verstand ganz explizit ausklammert und so auch sprachlich kaum zugänglich ist. Und ich muß leider hinzufügen, daß mir auch selbst kaum nennenswerte eigene Erfahrungen auf diesem Weg zur Verfügung stehen. Was ich aber mit voller Überzeugung empfehlen kann, ist, die beiden Bücher zu lesen.

Das erste, ich möchte es als „Schlüsselbuch“ für den Einstieg in das Thema Nahtoderfahrungen bezeichnen, hat ein renommierter amerikanischer Gehirn-Chirurg, Dr. Eben Alexander, geschrieben, und zwar über seine eigenen Nahtoderfahrungen, während er selbst sechs Tage nach einer rätselhaften viralen Gehirnentzündung im Koma lag und die herbeigerufenen Fachkollegen schon zum Abschalten der ihn am Leben haltenden Maschinen rieten. Trotz relativ häufiger Berührungen mit Nahtoderfahrungen in seinem beruflichen Umfeld hatte er vorher alle Berichte darüber für Halluzinationen im Zustand eines schwindenden Normal-Bewußtseins gehalten und, ebenso wie die Mehrheit seiner Fachkollegen, nicht ernst genommen. Bis er sie selbst erlebte. Sein Buch stand über ein Jahr lang auf Platz eins der amerikanischen Bestsellerliste und hat offenbar in Fachkreisen zu einem erheblichen Meinungsumschwung geführt. Sein Fazit ist in einem Satz: es gibt ein höheres Bewußtsein, unser Gehirn ist nicht alles.

Das zweite Buch, das ich unbedingt zu lesen empfehle, ist von einer Inderin namens Anita Moorjani geschrieben: unter dem Titel *Heilung im Licht* schildert sie, wie sie durch eine Nahtoderfahrung ihren Krebs besiegte und neu geboren wurde; so der Untertitel ihres Buches. Ich zitiere aus dem Klappentext: *Sie erkannte: "Der Himmel ist kein Ort sondern ein Zustand" und beschloß, ins Leben zurück zu kehren, um den Menschen diese Botschaft zu bringen.* In der Tat, dieses Buch hat es in sich! Und das aus mehreren Gründen. Zu Grunde liegt ein vierjähriger Kampf gegen Krebs (Lympfdrüsenkrebs), der im Endstadium praktisch den ganzen Körper von Anita befallen und zerstört hatte. Die inneren Organe hatten bereits ihre Tätigkeit eingestellt und die Patientin fiel völlig entkräftet ins Koma. Nach dreißig Stunden im Koma, als die Ärzteschaft und die Angehörigen alle Hoffnung aufgegeben hatten, öffnete sie jedoch wieder die Augen und ihr Körper setzte zu einer für die Fachwelt auch heute noch unerklärbaren Spontanheilung an, durch die in kürzester Zeit der Krebs nicht mehr nachweisbar war und selbst die schwersten von ihm verursachten Hautverletzungen ohne chirurgische Operation abheilten. Jemand muß in letzter Minute den Schalter auf Heilung umgestellt haben, sagte der leitende Onkologe.

Prof. Dr. Wayne W. Dyer schreibt in seinem Vorwort:

> *Anita lag im tiefen Koma, umgeben von ihren nächsten Angehörigen und einem Ärzteteam, das jeden Moment ihren letzten Atemzug erwartete. Doch ihr wurde die Möglichkeit gegeben, in ihren vom Krebs verwüsteten Körper zurück zu kehren und entgegen aller Wahrscheinlichkeit eine unglaubliche Heilung zu erfahren. Mehr noch, ihr wurde gestattet, aus der Kammer des Todes zurückzukommen und uns allen zu berichten, wie das Leben auf der an-*

deren Seite dieser körperlichen Welt aussieht – und noch wichtiger – wie es sich anfühlt.

Dies ist eine Liebesgeschichte – ein Geschichte über bedingungslose Liebe. Sie wird Ihnen ein neues, lebendiges Gefühl vermitteln, wer Sie wirklich sind, warum Sie hier sind, und wie Sie jegliche Angst oder Selbstablehnung, die möglicherweise Ihr Leben bestimmen, transzendieren können. Anita spricht mit ungewohnter Freimütigkeit über ihren Krebs, sie erklärt, weshalb sie ihrer Ansicht nach diesen gefährlichen Weg in ihrem Leben beschreiten mußte, warum sie geheilt wurde und warum sie zurückkehrte. Und machen Sie sich insbesondere klar, daß Anitas Lebensaufgabe sich ganz wesentlich in der Tatsache widerspiegelt, daß Sie nun im Begriff sind, ihren Erfahrungsbericht zu lesen... und daß ich mich so sehr dafür einsetze, daß ihre äußerst wichtige Botschaft in die Welt gelangt.

Und die Verfasserin schreibt in ihrer Einleitung:

Doch bevor ich nun darangehe, mit Ihnen zu teilen, was ich aus meinen Erfahrungen gelernt habe, möchte ich klarstellen, daß ich nicht behaupte, irgendwelche universellen oder wissenschaftlichen Wahrheiten zu kennen oder jemandes spiritueller Guru zu sein. Auch versuche ich nicht, eine neue Religion oder ein neues Glaubenssystem zu begründen. Mein einziges Ziel ist zu helfen, nicht zu überzeugen.

Es fällt mir schwer, meinen Drang zu unterdrücken, wesentliche Inhalte von Anitas Buch hier widerzugeben. Besser ist es auf alle Fälle, es selbst ganz zu lesen, was übrigens ganz leicht ist, denn sie weiß sehr wohl, wovon sie spricht, und sie kann ihre Botschaft in erstaunlich klar formulierten Metaphern und Analogien umschreiben, auch wenn die andere Welt nach ihrer Aussage an sich unbeschreiblich ist. Besonders gut gefällt mir ihre Analogie des Lebens mit einer riesigen Tapisserie, in der jeder Mensch einen einzigartigen Faden darstellt, der in dem Bild verwebt wird.

Zur Anregung Deiner Vorstellungskraft, lieber Leser, möchte ich von einem mich sehr beeindruckenden Erlebnis berichten, das ich bei einer Reise in Tunesien vor etwa fünfundzwanzig Jahren hatte.

Wir, das war meine Männercrew auf einem Segeltörn von Malta nach Tunesien, machten einen Ausflug ins Landesinnere und besuchten Kairouan mit seiner alten Moschee. Wer arabische Länder bereist hat, weiß, daß die Wege dort mit Teppichen gepflastert sind; man stolpert auf Schritt und Tritt über Leute, die einem das wenigstens einreden und auf diese Weise ihre Ware an den Mann bringen wollen. Wir folgten also so einem geschickten Marktschreier in eine Teppich Manufaktur, vornehm ausgedrückt. Tatsächlich fanden wir uns in einer erbärmlich dunklen Spelunke wieder, wo etwa zehn Frauen an drei oder vier Webstühlen bunte Wollfäden einknüpften. Der Tee dampfte im Kessel und wurde reichlich serviert, dazu erhielten wir – übrigens in recht gutem Deutsch – Nachhilfe in der uns weitgehend unbekannten Disziplin des Teppichwebens. Mit einigen besonders schönen und günstigen Schnäppchen beladen, wie wir wenigstens eine Weile glaubten, sah man die Crew so etwa eine Stunde später das Gewölbe wieder verlassen, dazu neben einigem neuen Wissen mit einer guten Portion Hochachtung für die Kunsthandwerker-Tätigkeit der Frauen versehen. Ich habe dazu noch einen eher spirituellen Eindruck mitgenommen, denn ich wunderte mich darüber, daß die Frauen ohne jede Arbeitsvorlage auskamen, ihren Teppich also jeweils nach einem Muster, das sie ihm Kopf hatten, webten. Mir wurde erklärt, daß die Ornamentik seit Alters her festgeschrieben und mangels entsprechender Druckvorlagen an einer Seitenwand der Moschee eingemauert zu besichtigen sei. Alle Teppichweber arbeiteten also nach demselben Muster und mit denselben religiösen Symbolen. Es war eigentlich das erste Mal, daß ich die Entdeckung machte, daß es vielleicht so etwas wie Muster oder Blaupausen für die Formen der Natur im Kosmos geben könnte. Später begegneten sie mir in verschiedenen Varianten, so im dem Bauprinzip der „Blume des Lebens“, in den Plänen der gotischen Kathedralen, in dem entstehenden Wissenschaftszweig der Bionik, der sich speziell damit beschäftigt, der Natur ihre Konstruktions- und Funktions- Geheimnisse abzuluchsen und technisch zu verwerten. In derselben Linie folgte dann der englische Biologe Rupert Sheldrake mit seiner Entdeckung der morphogenetischen Felder. Und nun kam diese Anita Moorjani mit ihrer Analogie der Tapisserie als Bild der Schöpfung und behauptete, den wahren Grund ihres Daseins erkannt zu haben:

> *Das Universum gibt Sinn!, erkannte ich. Ich verstehe endlich, ich weiß, warum ich Krebs habe (...) Warum verstehe ich das alles plötzlich? Wer gibt mir alle diese Informationen? Ist es Gott? Krishna? Buddha? Jesus? Und dann wurde ich von der Erkenntnis überwältigt, daß Gott kein Wesen, sondern ein Seinszustand ist...und daß ich mich jetzt in diesem Seinszustand befand! Ich fand mein Leben fein und komplex in alles verwoben, was ich bis dato kannte und wußte. Meine gesamte Erfahrung war wie ein einzelner Faden, der durch die gewaltigen, komplexen, farbenprächtigen Bilder einer grenzenlosen Tapisserie gewoben war. All die anderen Fäden und Farben standen für meine Beziehungen sowie jedes Leben, das ich berührt hatte... Jede einzelne Begegnung und jedes Zusammentreffen war zu einem Stoff zusammen gewoben, der die Summe meines Lebens bis zum gegenwärtigen Moment bildete. Ich mochte nur ein einzelner Faden sein, doch war ich für das am Ende stehende Gesamtbild wesentlich.*

Angenommen, göttliche Botschaften würden heute nicht mehr von dazu ernannten Propheten übermittelt, angenommen, Anitas

Rückkehr ins Leben diente der Absicht, eine Botschaft aus dem Jenseits der Menschheit nahe zu bringen, dann, ja dann wäre es Zeit für den angesprochenen Paradigmenwechsel – und vielleicht die Erlösung von verkrusteten uralten Glaubensvorstellungen aller unserer Religionen. Genau genommen ist der Begriff Paradigmenwechsel nicht korrekt, weil journalistisch überzogen: Gott ist und bleibt ja derselbe, nur die Vorstellungen, die sich die Menschen, richtiger die Katecheten aller Religionen von ihm machen und als verbürgte Wahrheit verkaufen, unterscheiden sich gewaltig. Sie über Bord zu werfen, ist kein Verrat an Gott, der nach Anitas Bericht nichts als Liebe ist, es ist allenfalls ein Verrat an das Götzenbild, welches Menschen daraus geformt haben, um damit in die Schlacht gegen die feindlichen Heerscharen ziehen zu können, die ihrerseits ein anderes Götzenbild vor sich her tragen. Was würde unserer Welt erspart, wenn es gelänge, diese Götzenbilder zu beseitigen und uns als integralen Bestandteil des größeren Ganzen zu begreifen, wie Anita sagt:

...uns alle als einzigartige, unentbehrliche Facetten des grenzenlosen Universums sähen? Wir sind alle miteinander verbunden.

Und was bedeutete diese „Frohbotschaft“ für uns als Einzelne, für die Frage nach dem Sinn unserer Existenz und alle Fragen nach dem, was hinter der Nahtoderfahrung kommt, die ja die Tür zum Jenseits erst ein ganz kleines Stückchen öffnet? Ich sehe für mich jedenfalls reichlich Anlaß darauf zu vertrauen, daß ich mir keine Sorgen machen muß, wenn meine irdische Lebenszeit abgelaufen ist...

Vom Wandel meines Gottesbildes habe ich meinen spirituellen Lebensbericht überschrieben, aber ich hatte, als ich ihn zu schreiben begann, selbst noch wenig Vorstellung, wie er enden würde. Jetzt, wo ich fühle, daß ich den Schlußpunkt setzen sollte, bin ich doch einigermaßen perplex, was das Leben mir in achtzig Jahren dazu an die Hand gegeben hat. Ich verwende diesen Ausdruck in dem vollen Bewußtsein, daß ich wenig dazu beigetragen und mir nicht ausgesucht habe, was da so alles auf mich zu kam. Im nach hinein gesehen kann ich gar nicht anders, als an eine machtvolle Regie, die unsichtbar aber doch deutlich spürbar im Hintergrund wirkt, zu glauben. Es geht mir wie Anita: ich fühle, daß alles gut ist, wie es ist und ich dieser Regie ganz gelassen vertrauen kann. Und ich reihe mich gern ein in die Reihe derer, die ihre Botschaft an die Welt verbreiten wollen.

Kapitel 14: Quintessenz

Meinen Gedanken zum Wandel meines Gottesbildes möchte ich noch einige Aphorismen hinzufügen, die eine Art Quintessenz darstellen von dem, was mir besonders am Herzen liegt. Entkleidet von den Geschichten, aus denen sie entnommen sind, mögen sie Dir, lieber Leser, vielleicht etwas apodiktisch, ja dogmatisch in den Ohren klingen, genau das, was ich ja gerade bekämpfe. Ich meine aber, daß sie wichtiger Teil meiner Hinterlassenschaft sind, meine ganz persönlichen Entdeckungen, die ich auf dem Abenteuerspielplatz Leben machen durfte und die ich gern als Anregung für Deine „Schürfversuche nach dem Sinn" an Dich weitergebe.

Zur Freude.

Die vorliegende Auswahl meiner Lebenserinnerungen ist ohne Zweifel selektiv, und zwar ausschließlich in der positiven Richtung verschoben. Nachtseiten hat es meinem Leben auch gegeben, und das nicht zu knapp! Diesen Hinweis schulde ich Dir, lieber Leser, als einen Berichtigungsfaktor für Deinen Maßstab. Freude kommt eben nur bei Erfreulichem auf, Unerfreuliches sollte dagegen nur in kleiner Dosis verabreicht werden nach dem besonders bei Homöopathen geltenden Grundsatz: die Dosis macht das Gift.

Freude, für mich und für Andere, ist meines Schreibens schönstes Ziel.

Aus: *Glück und Glas, Geburtswehen; S. 12*

Meine Einstellung zur militärischen Gewalt

Anfangs, das heißt bis zum Ende des zweiten Weltkriegs, war ich – mehr durch das unmittelbare Erleben des Kriegs und durch die gesellschaftliche Übereinkunft, als durch Einflußnahme meiner Eltern – überzeugt, daß die Wehrmacht grundsätzlich nötig, daß Vaterlandsliebe absolut gut, daß ein Krieg, zumindest ein Verteidigungskrieg erlaubt sei. Heute bin ich der Überzeugung, daß der von den meisten Menschen so sehr ersehnte Friede nur möglich wird, wenn jeder Einzelne damit aufhört, jede andere Lebensweise als die eigene als schlecht zu verurteilen: wir sind uns gegenseitig nicht zum Richter berufen!

Daraus ergibt sich dann zwangsläufig, daß ich jede Form von Gewalt und Zwang ablehne und statt dessen gegenseitiges Vertrauen und weitgehende Toleranz leben möchte. Krieg ist nach meinem heutigen Verständnis immer und überall die schlechteste Lösung – und eben nicht die Fortsetzung der Politik mit anderen Mitteln, wie uns das fälschlicherweise immer eingetrichtert wurde.

Ich meine, in den letzten Jahren doch einen Trend in der Gesellschaft, zumindest hier im zentralen Europa, zu Gewaltverzicht, Kompromißbereitschaft und Toleranz feststellen zu können; erfreulicherweise auch in der Kirche, wo diese Tugenden ja eigentlich ihr Zuhause haben sollten. Insofern habe ich die Hoffnung, daß das Experiment Menschheit nicht am Ende mißglückt. Und ich will mir Mühe geben, der weiteren Evolution einen kleinen Schubs in diese Richtung zu geben, soweit es in meinem kleinen Umkreis möglich ist. Vielleicht tragen ja auch die vorliegenden Gedanken, die ich meinen Kindern und Enkeln – sozusagen als Großvater Manfrieds Duftnote – mitgeben möchte, ein wenig dazu bei, das gegenwärtig durchaus denkbare Verdikt „nicht bestanden“ für die gegenwärtige Menschheit abzuwenden.

Aus: *Glück und Glas, Meine Kindheit im Dritten Reich, S. 18*

Harmonie und „glückliche Umstände"

Ich bin ganz fest davon überzeugt, daß der Mensch darauf angelegt ist, nach Harmonie zu streben und in ihr seine Erfüllung zu finden. Ich muß allerdings einräumen, daß diese Erfüllung in dem Stadium der Evolution, in dem wir uns befinden, nur als seltene Ausnahme gelingt (oder gewährt wird), und daß es möglicherweise noch ein langer Weg ist, bis ein Endpunkt in Sicht, oder besser, in Griffnähe ist.

Wenn ich jetzt aus meinem Leben als „Harmoniesüchtiger" noch ein paar Anhaltspunkte gebe, ist mir selbst etwas mulmig zumute, ich komme mir in etwa so vor, wie bei einem levitierten Hochamt mit zu viel Weihrauch, um ein Bild aus meiner Ministranten-Zeit zu gebrauchen. Ich komme aber nicht darum herum, wenn ich die anfangs gestellte Frage beantworten will, ob oder wie weit mein Leben ein glückliches war.

Als ich mit meiner Frau 2005 von München nach Bernried am Starnberger See gezogen bin, lernte ich unseren Altbürgermeister Walter Eberl kennen und schätzen, der gern und sehr farbig von der Entwicklung dieses „schönsten Dorf Deutschlands" erzählt; dabei verweist er immer auch auf die glücklichen Umstände, die dabei eine Rolle gespielt haben. Genau so ergeht es mir, wenn ich mein bisheriges Leben überblicke: glückliche Umstände waren immer im Spiel, ohne ihre Mitwirkung könnte ich sicher nicht von einem glücklichen, harmonischen Leben sprechen.

Dazu will ich die wichtigsten nennen:

1. Ich bin in eine intakte, glückliche Ehe hineingeboren. Aus ihren Lebenserinnerungen, ihren Erzählungen und meiner eigenen Anschauung weiß ich, daß sich Vater und Mutter bis an ihr Lebensende in herzlicher Liebe zugetan waren. Seitensprünge? Fehlanzeige, da bin ich mir sicher. Und auch einen handfesten Streit habe ich zwischen meinen Eltern nicht erlebt.

2. Ich war, wie meine Mutter schreibt, als „Nesthäkchen“ – meine Eltern waren beide im Jahr meiner Geburt schon 42 Jahre alt und hatten schon zwei Kinder (Jungen) verloren – ein „heißersehntes Wunschkind“.
3. Wenn ich auch weitgehend ohne den Kriegsdienst leistenden Vater aufgewachsen bin: die Mutter hatte ich für mich allein, denn sie war nie berufstätig.
4. Ich wuchs praktisch als Einzelkind auf, da meine Schwester bei meiner Geburt schon 14 Jahre alt war und damit schon halb „aushäusig“. Da sie außerdem bei einem Fliegerangriff auf München 1944 ums Leben kam, ist es auch nicht zu der „Nagelprobe“ der Erbauseinandersetzung gekommen, die ja oft das Ende der schönsten Harmonie bedeutet.
5. Ich hatte in meinem Leben nur einen Arbeitgeber, bei dem ich weitgehend streßfrei Karriere machte. Der glücklichen Umstände gab es dabei viele.
6. Ich lernte meine spätere Frau kennen, als ich siebzehneinhalb Jahre war, und sie war und ist die einzige Frau in meinem Leben.
7. In den sieben Jahren, in denen wir bis zu unserer Hochzeit aufeinander warten mußten, sie in Düsseldorf, ich in München lebend, entstand ein Schriftwechsel von beiderseits mehreren hundert Briefen, in denen wir uns weit mehr geschrieben haben, als wir uns jemals mündlich hätten sagen können.
8. Es war von Anfang an klar, daß meine Frau mit unserer Hochzeit ihren Beruf (Auslandskorrespondentin) aufgeben und ganz für die Familie da sein werde; das war auch ihr Wunsch. Ich bin auch heute noch der altmodischen Ansicht, daß Mutter sein der schönste Beruf für eine Frau ist und darüber hinaus ein absoluter Glücksfall für die Kinder, denn Mutterliebe ist un-

ersetzbar und im Grunde auch unteilbar. Wenn ich gefragt würde, was das höchste Gut auf Erden ist, würde ich nicht zögern, die Mutterliebe zu nennen, weit vor der Liebe zwischen Mann und Frau.

9. Wir waren uns auch von Anfang an einig, daß wir zusammen vier Kinder haben wollten; und so geschah es auch.
10. Wir waren nie in einer finanziellen Notlage; auch während der jahrelangen schweren Krankheit meiner Frau (Gehirntumor mit Operation, Herzstillstand und halbseitiger Lähmung) erfuhren wir wundervolle Hilfsbereitschaft von allen Seiten.

Zu meiner Liste der glücklichen Umstände ist noch ein wichtiger Zusatz zu machen: eine schwere Krankheit eines Familienmitglieds kann auch zum Segen für die Gemeinschaft werden, auch wenn man das oft erst später erkennen kann: sie schweißt in Liebe zusammen.

Aus: *Glück und Glas; Friede, Freude, Eierkuchen; S. 220*

Die Frage nach dem Zweck unseres Daseins.

Dahinter steht dann letztlich die Frage nach dem Sinn unseres Daseins. Meine sehr persönliche Antwort auf diese heikle Frage:

Dazu beitragen zu können:

daß die Evolution weiter geht und näher an ihr für uns unbekanntes Ziel kommt;

daß es in meinem Umkreis ein bißchen menschlicher zugeht als sonst üblich;

daß wenigstens für einige Menschen, mit denen ich in Berührung komme, meine eigene positive Lebenseinstellung als ein glaubwürdiges Beispiel erscheint;

daß letztlich mein eigenes Leben in seiner Liebesspur noch ein Stück über den Tod hinaus weiter wirkt.

Dabei sehe ich die Evolution sozusagen als den Schlüssel für Beides: sowohl den Weg der Menschheit „vom unten zum oben" als auch für unseren jeweils individuellen Weg – doch wie bei allem, was mit dem Signum der Freiheit ausgestattet ist, gibt es auch bei Beidem das Risiko des Ge- oder Mißlingens. Ich gestehe es freimütig: vor allem nach der morgendlichen Zeitungslektüre kommen mir oft erhebliche Zweifel, ob das Experiment „homo sapiens" zu einem guten Ende kommen oder sich eines Tages als eine Sackgasse erweisen wird.

Aus: *Laurentiustränen, Vorwort; S. 12*

Die alte Menschheitsfrage nach der Wahrheit.

Vielleicht mag das weit hergeholt erscheinen angesichts der Erbärmlichkeit meines Traumtänzers, aber ein solcher Einwand ginge an der Sache vorbei. Das, was mir durch ihn als Geschenk gegeben wurde, war ein Denkanstoß, der mich schließlich in der alten Menschheitsfrage nach der Wahrheit zu einer neuen Erkenntnis geführt hat, die zu berichten der eigentliche Grund für die Erzählung dieser Traumtänzergeschichte ist.

Also: wenn es richtig sein sollte, daß jeder Mensch seine eigene Wirklichkeit erschafft, dann hat auch jeder seine eigene Wahrheit, was wiederum nichts anderes heißt, als daß jeder eine andere Wahrheit hat. Damit ist die Frage nach der Wahrheit müßig und es wird verständlich, warum Jesus die Frage des Pilatus „Was ist Wahrheit“ nicht beantwortet hat. Denn wenn Jeder seine eigene Wahrheit hat, dann fällt unser ganzes Gebäude von richtig und falsch in sich zusammen. Wahrheit kann dann bestenfalls verstanden werden als die Summe aller individuellen Teilwahrheiten. Und da das Ganze bekanntlich mehr ist als die Summe seiner Teile, so ist die Frage nach der Wahrheit auch dann noch nicht restlos beantwortet.

Eine Erkenntnis aber wäre gewonnen:

unsere Vorstellungen von „besser“ oder „richtiger“ sind einzig und allein aus unserer subjektiven Sicht zulässig; wir sollten sie besser ganz aus unserem Wortschatz streichen und statt dessen sagen: anders.

Ich bin fest davon überzeugt, daß diese Erkenntnis, richtiger: ihre Umsetzung in jeder einzelnen Entscheidung, unser Zusammenleben grundsätzlich verändern würde, ja vielleicht sogar entscheidend werden könnte für das Überleben unserer Spezies. Denn dann wäre alle Unterschiedlichkeit, alles Trennende aufgehoben im Bewußtsein des größeren Ganzen. Wobei aufgehoben wohlverstanden nicht heißt „ausgelöscht“ oder gar „ausgemerzt, sondern tolerabel und damit akzeptiert. Alle, die in unserer Sicht anders sind, alle Minderheiten, aber auch jeder einzelne Andere könnte sich in der Gemeinschaft aufgehoben fühlen.

Daß diese Erkenntnis nicht ganz neu ist, weiß jeder, der die umwälzenden Ergebnisse der Quantenphysik verinnerlicht hat. Sie hat ja längst ganz eindeutig festgestellt, daß in jeder einzelnen Beobachtung ein subjektiver Bestandteil enthalten ist, daß es also die reine Objektivität nicht gibt. Anders ausgedrückt, daß der Beobachter durch das Faktum, daß er beobachtet, auf das Ergebnis einwirkt.

Doch trotz dieses zweifelsfreien Wissens halten wir noch immer daran fest, daß wir uns auf festem Terrain befinden, daß fest ist, was sich als fest anfühlt. Sind wir nicht auch Traumtänzer?

Aus: *Laurentiustränen, Der Traumtänzer*

Vom Kaleidoskop.

Als Humanist habe ich gelernt, daß das schöne Wort Kaleidoskop „schöne Bilder anschauen“ bedeutet, was ja exakt das wiedergibt, was beim Schauen durch diese Röhre geschieht. Hinter dem Vexierspiel steckt bekanntlich ein optischer Trick, aber dahinter steckt auch ein Symbol für eine Sichtweise: eine schöne, eine optimistische Sichtweise. Wie wir die unablässig an uns vorbeiziehenden Bilder betrachten, ist ja weitgehend von unserer jeweiligen Stimmung abhängig; das heißt, ein und dasselbe Bild kann ganz unterschiedlich auf uns wirken, einmal heiter, einmal langweilig, einmal traurig. Daß wir in der Lage sind, unsere Sichtweise zu verändern, steht wohl außer Zweifel. Sollten wir nicht versuchen, dem Gebrauch des Kaleidoskops die Fähigkeit abzugewinnen, zunächst unerfreuliche Bilder ein wenig zu schütteln, bis sie sich vor unseren Augen verwandeln? Sicher, ein Taschenspielertrick wird mancher sagen. Das ist vordergründig auch richtig. Aber wer über den Einfluß der Bilderwelt auf unser Leben nachdenkt und den Mut aufbringt, das Kaleidoskop gelegentlich zu drehen, gelangt vielleicht zu einem anderen, hintergründigeren Ergebnis: niemand zwingt uns, die Welt auf eine ganz bestimmte Weise zu betrachten. Oder: wie wir die Welt betrachten wollen, entscheiden ausschließlich wir selbst.

Aus: *Laurentiustränen, Amerikanisches Kaleidoskop;*

Zur Frage „Sinn oder Zufall".

Die Frage „Sinn oder Zufall" ist, wie ich meine, falsch gestellt. Ich denke, daß für die höheren geistigen Ebenen unsere duale Betrachtungsweise keine Gültigkeit hat; in ihnen herrscht vielmehr das Ganzheitsprinzip. Also nicht: entweder – oder, sondern: beides, richtiger: alles.

So wie es schon nach der Quantenphysik nicht möglich ist, die Materie als Teilchen (Korpuskel) oder Welle (Schwingung) zu definieren, weil sie eben je nach Betrachtungsweise beides sein kann, so gilt erstrecht für die geistige Welt, daß alles von unserer Betrachtungsweise abhängt. Damit wird zum Sinn, was wir als Sinn empfinden oder erklären. Sinn muß also von uns nicht nur gesucht sondern auch gesetzt werden.

Wichtig ist, daß unsere persönliche Sinngebung nur sehr begrenzte Gültigkeit besitzt, nämlich nur für jedes einzelne Individuum. Der persönlich gefundene Sinn ist nicht übertragbar, ist also eben nicht der „Stein des Weisen" für alle! Wenn ich sagte: Engel sind Wesen einer höheren Geist-Ordnung, oder anders ausgedrückt, einer uns in der Regel nicht zugänglichen Schwingungsebene, so ist das meine Sicht, meine Wahrheit. Ich hoffe, nein, ich bin überzeugt, daß in meiner Wahrheit auch, wie in einem holographischen Bild, die Gesamt-Wahrheit aufscheint, aber ich bin mir bewußt, daß es über meine Wahrheit hinaus, noch eine Vielzahl von Teil-Wahrheiten gibt.

Aus: *Laurentiustränen, Versuch über Engel, Schlußbild;*

Über Engel.

Aus meiner Definition der Engel als reine Geistwesen ergibt sich, daß sie körperlos sind, daß sie also keine Hände haben – was natürlich erstrecht für das höchste Geistwesen, Gott, gilt. Um in der materiellen Welt handeln zu können, brauchen sie Handlanger, brauchen sie uns als Erfüllungsgehilfen. Wenn wir uns schon nicht zu den Engeln aufschwingen können, können wir ihnen doch entgegenkommen, in dem wir offen sind und Eingebungen von oben zu erkennen versuchen und uns den Engeln so als Vollzugsorgan für den materiellen Bereich anbieten. Wir sind dann zwar immer noch keine Engel, aber wir können in gewisser Weise Engel spielen und damit mithelfen, daß die Menschheit weiter besteht, daß ihr weiter Schönes und Neues geschenkt wird. Wir haben allerdings auch die Möglichkeit, uns dem auf verschiedene Weise zu verweigern. Wir können uns aber auch, wie Maria, dafür entscheiden, den Zeugungsakt der Schöpfung mit zu vollziehen, zu dem wir berufen sind, und so die uns eingepflanzten Gottesgedanken des Schönen und Guten zur Verwirklichung zu verhelfen.

Aus: *Laurentiustränen, Versuch über Engel, Epilog;*

Kapitel 15: Von Wegen

Der Vorrat meiner Geschichten vom Wandel meines Gottesbildes ist damit, sagen wir vorsichtig: bis auf Weiteres, erschöpft. Trotzdem habe ich noch das Gefühl, daß damit noch nicht alles zu Ende ist, daß da noch ein Kapitel geschrieben werden möchte. In diesem, voraussichtlich letzten, möchte ich resümierend von den Wegen berichten, die meinen Lebensweg kennzeichnen. Die Kapitel-Überschrift „Von Wegen" ist deshalb bewußt doppeldeutig: einmal ein augenzwinkerndes „Auf-den-Arm-Nehmen" mit der Bedeutung: Wer sagt denn da: „noch kein Ende"? (Psychologisch vielleicht zu deuten als „sich noch ein Schlupfloch offen halten"). Zum Anderen ist eindeutig und vordergründig ein Pflichtgefühl vorhanden, nach langer Reise für die glückliche Ankunft zu danken.

Konfuzius sagt: Der *Weg ist das Ziel.* Joachim E. Behrendt hat diesen Ausspruch noch etwas radikaler gefaßt: *Es gibt keinen Weg, nur gehen.* In meinem Rückblick habe ich eher das Empfinden, die Wege kamen mir immer entgegen, ich brauchte gar nicht lange zu suchen; ja ich würde nicht einmal widersprechen können, wenn jemand sagen würde, „dem ist ja alles in den Schoß gefallen".

Bereits beim Start war mein Weg schon klar vorgezeichnet, ich berichtete ja schon davon. Eine Episode möchte ich noch nachtragen. Wie meine Mutter in ihrem Tagebuch berichtete, hatte ich bereits im Krankenhaus, es war das Krankenhaus des Roten Kreuzes in München, bei den Schwestern einen Spitznamen weg: ich wurde wegen meiner allgemeinen Zufriedenheit und meines rosigen Aussehens „der Herr Prälat" genannt, was meine Mutter wohl mit Freude und Genugtuung empfunden haben muß, war es doch der erste Schritt in die richtige Richtung.

Ab da galt konsequenterweise der simple und einprägsame Slogan: die breite Straße ist der Weg zur Hölle, zum Himmel führt nur ein schmaler Pfad. So ganz schmeckte mir das nicht, denn aufwärts wollte ich natürlich schon, aber das verhieß ein recht anstrengendes Leben; eigentlich war das nicht so ganz in meinem Sinn. Doch mit dem Argument, daß ein guter Lebenswandel ja die sichere Eintrittskarte sei in ein jenseitiges Leben in Freude und Herrlichkeit – und das wohlgemerkt in alle Ewigkeit! – notierte ich als Junge schon mal mit dem Lippenstift meiner Schwester das Wort EWIGKEIT auf meinem Oberschenkel, damit ich immer an diesen Sachverhalt erinnert werde, bis es eines Tages mein Banknachbar in der Schule, entdeckte und mich damit gehörig aufzog.

Eine hübsche Arabeske dazu sehe ich in dem Einfall des Geschicks, der mir zum Ende meines Lebens durch unseren Umzug nach Bernried am Starnberger See unerwartet eine neue Adresse bescherte, den Hapberger Weg, der ein wohl sehr seltenes Privileg besitzt, nämlich sowohl Teil des Jakobswegs als auch Teil des Prälatenwegs zu sein. Prälat ist ja ein geistlicher Titel, ein päpstlicher gar, und sozusagen die Einlösung des sehr früh vergebenen Spitznamens der Schwestern aus dem Krankenhaus.

Ich habe mich auch bemüht, die Bedeutung des „Hap“ in der Bezeichnung *Hapberger Weg* zu ergründen, zunächst allerdings ohne befriedigendes Ergebnis. Im Internet fand ich, daß es im alten Ägypten *„Hap, den Stier von Memphis“*, ein Symbol für Fruchtbarkeit, gegeben hat, hielt das aber für wenig aufschlußreich. Im Englischen fand ich dann den Wortstamm *hap* , der Fortune, Chance, good luck bedeutet und vor allem in *happy* zu den meistverwendeten Wörtern der englischen und inzwischen auch der deutschen Sprache gehört; in dieser Bedeutung entspricht er auch dem am besten passenden Schlüssel für unsere hier gefundene Lebensweise.

Unter den wichtigen Wegen in meinem Leben ist auch der eben schon genannte Jakobsweg zu nennen, auch wenn ich ihn nicht wirklich gegangen bin. Pilgern ist nicht so mein Ding, so würden dies unsere Enkel heute vermutlich ausdrücken; wallfahren, ja schon zu Fuß gehen ist für mich eher eine abwegige Vorstellung;

das begann schon weit vor Hape Kerkelings „Ich bin dann mal weg", das ja schon ein sprachliches Kuriosum darstellt. Zumindest kenne ich kein anderes Wort der deutschen Sprache, das je nach Aussprache einen völlig anderen Wortsinn annimmt: Weg im Sinn von Straße und weg im Sinn von abhauen, nicht anwesend sein. Pilgern gehörte aber sehr wohl zum Leitbild meiner Mutter, die es nicht versäumte, den Verwandten und Freunden, die sich oft bei uns einfanden, um etwas vom „schönen Bayern" gezeigt zu bekommen, mindestens auch eines unserer heimischen Pilgerziele unter zu jubeln, etwa Altötting, die Wies oder wenigstens Maria Eich oder Andechs. Zwar fuhr man mit dem Wagen dorthin, aber reihte sich dann doch in die Schar der Pilger ein, um wenigstens eine heilige Messe, zur Not auch nur einen Rosenkranz mit zu beten. In Altötting gab es da noch den Brauch, eine Runde um die Gnadenkapelle auf den Knien herum zu rutschen. Schon bei der Vorstellung dieser Rutschpartie erging es mir dann so wie dem Pilger Kerkeling mit seinem Buchtitel: *ich bin dann mal weg*. Glücklicherweise kam es dann nie so weit, denn meine Mutter hat wegen ihrer Knieprobleme „den Rutsch" nie mitmachen können.

Die Würdigung von Chartres als Pilgerstätte gehört freilich in eine andere Kategorie, jedenfalls in meinem Erleben. Denn irgendwie empfinde ich die Reise nach Chartres einschließlich ihrer Vorgeschichte als eine Art Geschichte meiner Initiation, also einer Art Einweihungsgeschichte in das spirituelle Leben, wenn man so will gar in mystisches Geschehen, in das einzudringen mir im religiösen Leben der katholischen Kirche so gar nicht gelingen wollte.

Begonnen hat es mit der Teilnahme von mir und Marianne in einem Bibelkreis, den mit Edith Krispien eine befreundete Bibelkennerin mit langjähriger Meditationserfahrung leitete und heute mit inzwischen über neunzig Jahren eine „Geist-Familie" hat, zu der wir uns auch noch zählen, also eine Gruppe eifriger Schüler. Am Rande eines Treffens dieser Gruppe bekamen wir den Tipp, den deutschen Winter doch durch einen mehrwöchigen Besuch in

Teneriffa zu verkürzen. Empfohlen wurde uns ein deutsch geführtes Hotel in Punta del Hidalgo im Norden der Insel. Dort verbrachten wir dann einige Jahre lang ein paar Wochen, einmal der Wellness, die man dort schon recht gut entwickelt vorfand und der auch im Februar schön wärmenden Sonne wegen, aber auch des Geists des Hauses wegen, den vor allem der Eigentümer Dr. Jürgen Rolle, aber auch die von ihm ausgesuchten überwiegend deutschen Mitarbeiter ausstrahlten. Ein immer anregendes Kulturprogramm trug viel zur geistigen Anregung bei und sorgte für ein hohes Maß an Vertrautheit des weitgehend immer gleichen Publikums. In meinem Buch „Laurentiustränen" kannst Du, lieber Leser, einige meiner Geschichten nachlesen, die dort entstanden sind und die etwas von dem Ort und dem Geist des Hauses „Ozeano" ausstrahlen.

Dort lernten wir Friedericke Sekin kennen, die zusammen mit dem Chartres-Kenner und –Forscher Dr. Wolfgang Marchner ein einwöchiges Seminar im Mai 2005 in Chartres veranstaltete, zu dem sie uns einlud. Das Programm war verlockend, es umfaßte täglich zwei Kirchenführungen mit Vorträgen von Dr. Marchner über den gotischen Dom und seine Geschichte, über die architektonischen Wunder seines Baus, eine Prozession aus der Krypta in die noch dunkle Kirche mit nachfolgender Begehung des Labyrinths, das alles garniert mit meditativen Tänzen aus aller Welt, um nur einige Höhepunkte zu nennen. Wir sagten zu und fuhren also nach Chartres, obwohl wir, wie an anderer Stelle geschildert, zwischendrin ein neues Haus gekauft hatten und einen Riesen-Umzug vorzubereiten hatten. Und es wurde zu einem unvergeßlichen, tiefgründigen Erlebnis für uns Beide. Es zu schildern wäre Stoff für ein eigenes Buch. Im vorliegenden Rahmen möchte ich es dabei belassen, es als Krönung unseres, speziell meines spirituellen Werdegangs zu erwähnen und Dir die Nachahmung zu empfehlen.

Du fragst vielleicht, lieber Leser, etwas irritiert, was denn nun mein heutiges Gottesbild ist, nach so viel Wandel und Zweifel?

Vielleicht bist Du auch etwas verunsichert von dem Umschlagsbild meines Büchleins: die leer geräumte Kirche? Ja, es ist richtig, das hehre Lehrgebäude meiner Kirche hat sich in ein Leergebäude verwandelt. Damit will ich sagen, daß mir der ganze menschengemachte Überbau meiner Kirche nichts mehr bedeutet, ja als trennende Mauer zu meinen Brüdern und Schwestern auf der ganzen Welt nur hinderlich erscheint. Es ist, so denke ich, wie schon gesagt, an der Zeit, diesen im Lauf der Geschichte entstandenen, überbordenden Ballast über Bord zu werfen und in eine neue Qualität unserer Gottesbeziehung einzutreten. Das heißt also nicht, daß Gott tot ist, im Gegenteil: er ist jetzt der Gott aller Menschen und Geschöpfe, die er alle gleichermaßen liebt und will, daß sie miteinander in Frieden leben.

Mir ist durchaus bewußt, daß ich damit sehr schnell einem Illusionismus geziehen werden kann, aber diese meine Vorstellung, daß nur ein Zusammenleben in gegenseitiger bedingungsloser Liebe eine erstrebenswerte Zukunft verheißt, läßt mich hoffen, daß die Menschheit überhaupt eine Zukunft hat.

Das ist es, was ich als meine Erfahrung aus achtzigjährigem Mitspielen auf dem Abenteuerspielplatz Leben hinterlassen und weitergeben möchte.

Ich hoffe, daß Dir, lieber Leser, auch das Eine oder Andere davon nützlich ist und wünsche Dir für Deinen weiteren Lebensweg viel Glück!

Manfried Fischer
Bernried, im Februar 2016

Quellen

Alexander, Eben: *Blick ins Jenseits,* Ansata

Behrendt, Joachim E.: *Die Welt ist Klang,* Network Medien-Cooperative (CD)

Carstens, Veronica: *Dein Ziel wird Dich finden,* Natur und Medizin e.V.

Crotett, Robert: *Negri, ein kleiner Gott,* Wegner Verlag

Einstein, Albert: *Briefe an seine Tochter Lieserl,* Internet

Fischer, Manfried: *Glück und Glas,* Rediroma-Verlag

Fischer, Manfried: *Laurentiustränen,* Rediroma-Verlag

Fischer, Manfried: *Den Wind in der Hand,* Rediroma-Verlag

Hesse, Hermann: *Siddharta,* S.Fischer Verlag

Jonas, Hans: *Der Gottesbegritt nach Auschwitz,* suhrkamp taschenbuch 1516

Kerkeling, Hape: *Ich bin dann mal weg,* Thalia Verlag

Moorjani, Anita: *Heilung im Licht,* Goldmann

Schleske, Martin: *Der Klang,* Kösel

Thiess, Frank: *Stürmischer Frühling,* rororo

Von Manfried Fischer sind beim Re Di Roma-Verlag erschienen:

"Den Wind in der Hand", mein Leben unter Segeln
ISBN 978-3-86870-346-7

Laurentiustränen
ISBN 978-3-86870-444-0

Glück und Glas
ISBN 978-3-86870-540-9

Leben im 20sten Jahrhundert
ISBN 978-3-86870-789-2